FALKEN
FARBIG

Ute Werner

STICKEN

Schritt für Schritt für Rechts- und Linkshänder

FALKEN VERLAG

Wir danken der Firma MEZ-AG, Freiburg, für die freundliche
Unterstützung und Zur-Verfügung-Stellung von Materialien.

CIP-Kurztitelaufnahme der Deutschen Bibliothek

Werner, Ute:
Sticken: Schritt für Schritt für Rechts- und Linkshänder/
Ute Werner (Zeichn.: Wally Löw).
– Niedernhausen/Ts.: Falken-Verlag, 1983.
(Falken farbig)
ISBN 3-8068-5135-2

ISBN 3 8068 5135 2

© 1983 by Falken-Verlag GmbH, 6272 Niedernhausen/Ts.
Titelbild: Gerhard Burock
Fotos: Cornelia Renson
Modelle: Ute Werner, MEZ-AG, Stefanie Werner,
Ralph Werner, Walter Wendelmuth, Nicole Haberhauer
Zeichnungen: Wally Löw
Satz: TypoBach, Wiesbaden
Druck: Neue Stalling GmbH., Oldenburg

817 2635 4453 6271

Inhalt

Einleitung

Dieses Buch beabsichtigt, eine breite Anhängerschaft der »Stickwilligen« anzusprechen. Es baut sich auf von den einfachsten Linienstichen bis zu Durchbruchstickereien. Anfänger sollten unbedingt mit den ersten Stichen (zum Beispiel Vorstich) beginnen, um mit Technik und Material schnell vertraut zu werden. Die angegebenen Gewebe sind alle grob bis mittelgrob, so daß die Gewebefäden zählbar sind.

Das Buch berücksichtigt das Handwerkliche als auch das Künstlerische in der Stickerei, so daß jedem Geschmack Rechnung getragen wird.

Neben Fantasie, Geduld und Freude am Sticken ist richtiges Material und Werkzeug Voraussetzung für ein gutes Gelingen.

Werkzeug

Sticknadeln

Sticknadeln haben ein großes Öhr zum Einfädeln. Sticknadeln gibt es mit und ohne Spitze. Für gröbere Gewebe, wie in diesem Buch verwendet, sind nur stumpfe Nadeln geeignet. Dadurch wird verhindert, daß man in die Gewebefäden oder sogar in den Arbeitsfaden einsticht.

Schere

Sie sollte klein, spitz und scharf sein, damit die Stick- und Gewebefäden exakt abgeschnitten werden können.

Stickrahmen

Um ein Verziehen des Gewebes zu vermeiden, vor allem bei größeren Arbeiten, sollte man einen Stickrahmen verwenden. Er wird in verschiedenen Größen und Ausführungen angeboten.

Musterentwürfe

Auf Karopapier können mit Blei- und Buntstiften eigene Muster entworfen werden. Zur Übertragung der Bilderentwürfe benutzt man Kopierpapier und Pappe für Schablonen.

Fertigstellen der Objekte

Zum Arbeiten der Nähte und Säume braucht man Stecknadeln, Nähnadeln, Heftfaden und Nähfaden.

Spannen der Stickarbeit

Zum Spannen benötigt man ein Holzbrett, ein Tuch und rostfreie Nägelchen.

Stickgarne

Perlgarn

Perlgarn ist ein sehr fest gedrehtes (gezwirntes) Stickgarn aus 100% Baumwolle, das durch eine spezielle Behandlung (merzerisieren) einen waschechten Glanz und eine erhöhte Festigkeit erhält. Es kann sehr heiß gewaschen und gebügelt werden. Perlgarn gibt es in drei Stärken.

Perlgarn Nr. 3,
passende Sticknadel Nr. 18.
Verwendung: für grobe Handarbeitsstoffe aus Leinen, Baumwolle, Mischgewebe und Jute.

Perlgarn Nr. 5,
passende Sticknadel Nr. 20.
Verwendung: für mittelgrobe Handarbeitsstoffe aus Leinen, Baumwolle und Mischgewebe; zum Beispiel Aida, Kongreßstoff.

Perlgarn Nr. 8,
passende Sticknadel Nr. 22.
Verwendung: für feinere Gewebe aus Leinen, Halbleinen und Baumwolle.

Perlgarn wird aus 2 gesponnenen Fäden fest zusammengedreht (gezwirnt).

Öffnen der Perlgarnsträngchen

Man dreht das zusammengelegte Strängchen auf und schneidet es an der Stelle mit dem kleinen Knötchen durch. So erhält man die ideale Länge von etwa 90 bis 100 cm für 1 Arbeitsfaden. Ein zu langer Stickfaden würde durch das häufige Durchziehen durch den Stoff beschädigt werden. Auch entstehen dabei gerne Verschlingungen, die oft mühselig zu beseitigen sind.

Sticktwist

Sticktwist ist merzerisiert und besteht aus 100% Baumwolle; es kann heiß gewaschen (95° C) und gebügelt werden.

Dieses Garn besteht aus 6 feinen Fäden, die lose zusammengefügt sind. Um den Stickfaden der Stärke des Gewebes anzupassen, kann man dieses Garn teilen. Somit ist der Sticktwist für fast alle Gewebe verwendbar.

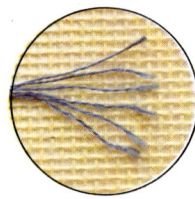

Mattstickgarn

Mattstickgarn ist ohne Glanz und aus 4 dünn gesponnenen Fäden lose zusammengedreht (gezwirnt). Es

besteht aus 100% Baumwolle und eignet sich für alle mittelgroben bis groben Gewebe aus Naturfasern oder Materialmischungen.

Stickfadenlänge

Die Sticktwist- und Mattstickgarnsträngchen lassen sich nicht öffnen wie beim Perlgarn. Man beläßt hier die Banderolen, sucht den inneren Anfangsfaden, zieht ihn ungefähr 90 cm heraus und schneidet ihn ab. Dabei muß man das Strängchen locker festhalten.
Wie teilt man das Garn? Die wegzunehmenden und die gewünschten Fäden festhalten und *langsam* auseinanderziehen. Sollte es durch zu schnelles Auseinanderziehen nicht mehr weitergehen, so strafft man den unteren Faden.

7

Stickgewebe

Wer gerne stickt, investiert in der Regel viel Liebe und Zeit in diese Arbeit. Wie schade wäre es, wenn bei Benutzung oder Pflege dieses »Schmuckstück« unansehnlich würde, weil mangelhafte Qualität verwendet wurde. Es ist daher empfehlenswert, nur gutes Material, auch für die ersten Stickereien, zu kaufen. Folgende Abbildungen und Beschreibungen sollen helfen, die richtige Auswahl treffen zu können.

In diesem Buch sind in erster Linie mittelgrobe bis grobe leinenbindige Gewebe aus Naturfasern angegeben, die das Abzählen der Gewebefäden leicht machen.

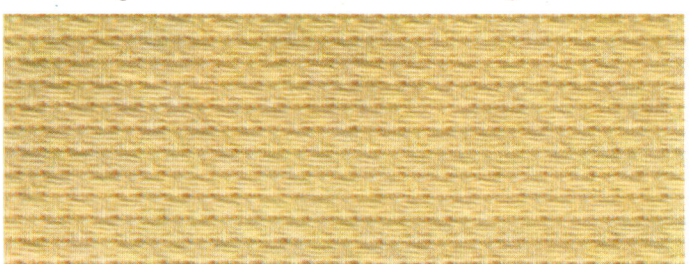

Aida: Aida besteht aus 100% Baumwolle. Durch eine besondere Webtechnik entstehen kleine Kästchen, die das Zählen vereinfachen. Er ist deshalb für Anfänger und vor allem beim Kreuzstich besonders geeignet. Passendes Stickgarn hierzu ist Perlgarn Nr. 5 oder ungeteilter Sticktwist. Gestickt wird am besten mit einer Sticknadel Nr. 20 ohne Spitze.

Kongreßstoff: Er wird auch Camilla genannt und besteht aus 100% Baumwolle. Die Abstände der einzelnen Gewebefäden sind sehr weit. Durch eine Appretur ist das Gewebe relativ steif und franst deshalb nicht so schnell aus. Diese Eigenschaften machen den Kongreßstoff zu einem beliebten Lehrstoff. Passendes Stickgarn ist Perlgarn Nr. 5, auch Mattstickgarn. Gestickt wird mit einer Sticknadel Nr. 20 ohne Spitze.

Grober Zählstoff: Er wird aus 100% Baumwolle in vielen hellen und dunklen Farben angeboten. Die Gewebefäden sind gut sichtbar und lassen sich deshalb leicht zählen. Damit ist dieser Stoff für fast jede Stickart geeignet, von den einfachsten Linienstichen, dem Kreuzstich bis zu den Durchbrucharbeiten. Das passende Stickmaterial ist Perlgarn Nr. 5 oder ungeteilter Sticktwist und eine Sticknadel Nr. 20 ohne Spitze. Der grobe Zählstoff eignet sich besonders für Anfänger.

Feiner Zählstoff: Er wird auch Schülertuch genannt und hat die gleichen Eigenschaften wie der grobe Zählstoff. Da die Gewebefäden feiner sind, eignet sich dieser Stoff nicht so gut für den Anfänger oder für Ungeduldige. Das passende Stickmaterial ist Perlgarn Nr. 8 oder 3fädiger Sticktwist und eine Sticknadel Nr. 18 ohne Spitze.

Flockenbast: Er besteht aus Leinen, das aus dem Stengel des Flachses schon vor 3000 v. Chr. gewonnen wurde. Der Spinnfaden ist ungebleicht und ungefärbt (durch Waschen wird das Gewebe heller).

Flockenbast ist ein sehr rustikales und strapazierfähiges Gewebe. Die Gewebefäden liegen dicht beieinander und lassen sich gut zählen und ausziehen. Dieser Stoff ist deshalb für sehr viele Handarbeiten zu verwenden.

Er wird auch oft als Mischgewebe, wie beispielsweise aus 70% Viskose und 30% Leinen angeboten.

Passendes Stickgarn ist Perlgarn Nr. 5, gearbeitet wird mit einer Sticknadel Nr. 20 ohne Spitze.

Rupfen: Der Gewebefaden ist aus dem Stengel der aus Indien stammenden Jute hergestellt und gehört somit, wie Leinen und Baumwolle, zu den pflanzlichen Fasern.

Rupfen ist sehr grob gewebt. Die Zwischenräume der Gewebefäden und die Gewebefäden selbst sind unregelmäßig. Dadurch entsteht der rustikale Charakter des Stoffes. Rupfen kann man je nach Geschmack für Schulter- und Einkaufstaschen, Turnbeutel und Lampenschirme verwenden. Er ist preiswert und wird in der Regel in Natur, Beige, Braun oder Rost angeboten.

Passendes Stickmaterial ist Mattstickgarn oder Perlgarn Nr. 3, gestickt wird mit einer Sticknadel Nr. 18 ohne Spitze.

Grobes Siebleinen: Für eine besonders wertvolle Stickarbeit ist dieses Gewebe aus 100% Leinen (Flachs) empfehlenswert. Es vereinigt Festigkeit und Eleganz. Siebleinen wird in der Regel in vielen Pastellfarben angeboten. Besonders reizvoll sind die Stickereien, bei denen die Stickgarnfarbe der Stofffarbe entspricht (Ton in Ton) oder innerhalb der gleichen Farbpalette abgestuft verwendet wird; dies ist vor allem für die Schweizer Zierstiche (auch Ajourstickerei genannt) typisch. Passendes Stickmaterial sind Perlgarn Nr. 5 und ungeteilter Sticktwist, gestickt wird mit einer Sticknadel Nr. 20 ohne Spitze.

Feines Siebleinen: Es wird auch Grasleinen oder Käseleinen genannt und besteht wie das Grobleinen ebenfalls aus 100% Leinen, es hat auch alle bereits erwähnten Eigenschaften. Dieses zarte Gewebe findet vor allem für Deckchen und Decken aller Art Verwendung. Passendes Stickmaterial ist Perlgarn Nr. 8 oder 3- bis 4fädiger Sticktwist.

Leinengewebe erkennt man an den typisch verdickten Stellen einzelner Gewebefäden. Es fühlt sich relativ hart an und knittert leicht. Leinen läßt sich sehr heiß waschen. Beim Bügeln – und das sollte immer feucht erfolgen – wird es steif. Stärken ist also nicht unbedingt nötig.

Der Stoff oder das Gewebe

Unsere Stoffe werden gewebt, deshalb nennt man sie auch Gewebe. Ein Gewebe besteht aus Längsfäden (Kettfäden) und Querfäden (Schußfäden). Kreuzen sich Kett- und Schußfaden beim Weben, so entsteht ein Fadenkreuz.

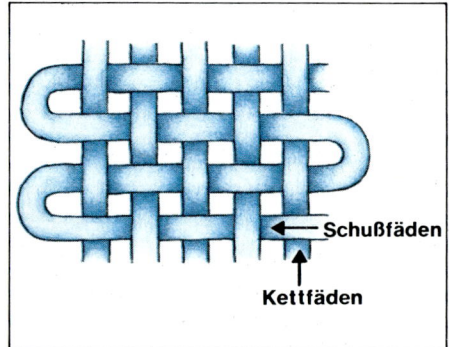

Das Kreuzen der Fäden nennt man Bindung. Die älteste ist die Leinwand- oder Leinenbindung.

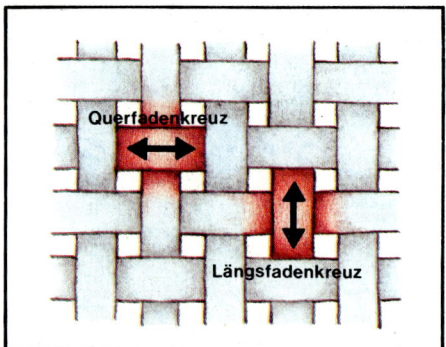

Sie ist gleichzeitig auch die einfachste und die festeste Bindung und eignet sich bestens für fast alle Stickereien.

So entsteht ein Gewebe in Leinwandbindung: Nach dem Spannen der Kettfäden wird der Schußfaden mit Hilfe eines »Schiffchens« (A) abwechselnd über und unter einen Kettfaden gelegt oder anders gesagt, das Schiffchen faßt einen Faden auf, einer bleibt liegen = *eins fassen – eins lassen.*

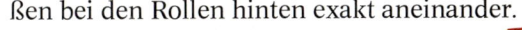

Webstich

Wie der Name schon sagt, gleicht der Webstich dem Weben. Er ist sehr einfach und kann bereits von den Jüngsten gearbeitet werden. Für sie kann der Stich mit einem Schiff (= Nadel) auf Wellen (= Gewebefaden) verglichen werden: *Auf* und *Ab;* das bedeutet einen Faden fassen, einen liegenlassen. Dabei muß immer der tiefer liegende Gewebefaden aufgefaßt werden, während der andere unter der Sticknadel liegen bleibt.

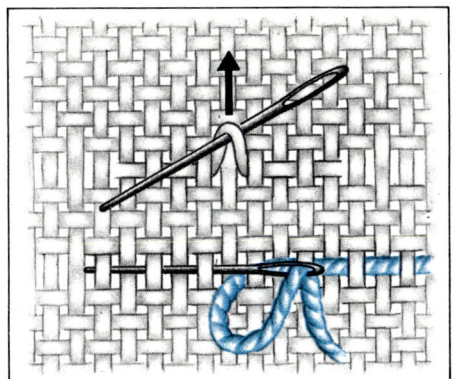

Arbeitsweise
Gearbeitet wird von rechts nach links. Linkshänder arbeiten entsprechend von links nach rechts.
An der gewünschten Stelle wird ein Gewebefaden mit der Sticknadel herausgezogen (**1**).
Diesen ersetzt man durch farbiges Stickgarn (**2**) mit der bereits oben beschriebenen Wellenbewegung: den kürzeren und tiefer liegenden Gewebefaden auffassen, den nächsten längeren liegen lassen = ein Fädchen fassen, ein Fädchen lassen.

Rückseite
Die Rückseite sieht beim Webstich genauso wie die Vorderseite aus. Da der Stich sehr fest im Gewebe liegt, können Anfangs- und Endfäden am Stoffrand abgeschnitten werden.

Was tun bei Fehlern?
Man sollte nach einigen Stichen immer Vorder- und Rückseite überprüfen, ob Fehler aufgetreten sind. Bei kritischem Betrachten fällt ein größer geratener oder schräger Stich leicht ins Auge. Ist fehlerhaft gestickt worden, kann man den ganzen Faden leicht wieder herausziehen und neu beginnen. Dabei muß man aufpassen, daß die Geweberänder nicht ausfransen.
Möchte man jedoch nur einige Stiche aufziehen, nimmt man den Stickfaden aus dem Nadelöhr, sticht mit der Sticknadel jeweils unter den Stich und zieht den Stickfaden aus dem Stoff. Man sollte nie mit der eingefädelten Nadel zurückstechen.

Buchzeichen aus Kongreßstoff mit Perlgarn Nr. 5. Die Endfäden sind zu einem Zöpfchen geflochten.

Anwendungsmöglichkeiten
Schon Kinder ab etwa 6 Jahren können Buchzeichen, Briefkarten und Deckchen sticken. Der Webstich eignet sich auch, wenn man Behälter verkleiden und schmücken möchte.
Für die abgebildete Schreibtischgarnitur werden zuerst Toilettenpapierrollen und der Pappuntersetzer in den gewünschten Größen zugeschnitten. Danach den Rupfen mit etwa 2 bis 5 cm Zugabe für die Umschläge zuschneiden. Nachdem die Borten mit Mattstickgarn gestickt sind, alle Kanten mit der Nähmaschine versäubern und nur die Umschläge mit Textilklebstoff versehen. Die Stoffkanten stoßen bei den Rollen hinten exakt aneinander.

Vorstich

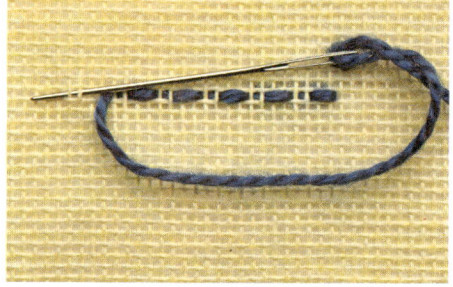

Die recht einfache Arbeitsweise des Vorstiches ist der des Webstiches sehr ähnlich. Der Vorstich wird ebenfalls immer in einer Richtung *vor*wärts gestickt. Hierbei wird kein Gewebefaden ausgezogen, sondern zwischen 2 Schußfäden gerade gearbeitet.

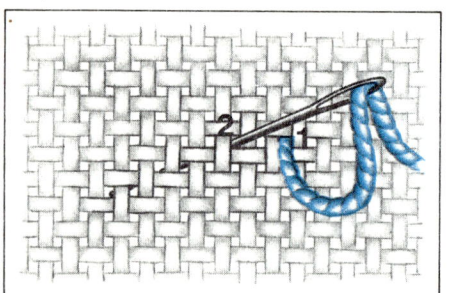

Arbeitsweise für Rechtshänder
Gearbeitet wird von rechts nach links. Von der Rückseite des Stoffes zur Vorderseite ausstechen – Ausstich – (**1**), dabei das Fadenende 6 bis 8 cm auf der Rückseite hängen lassen. Dann

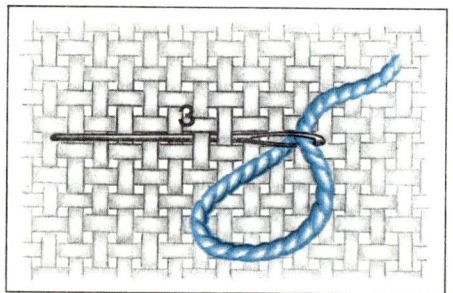

2 Gewebefäden nach links zählen und in den Stoff von der Vorderseite einstechen – Einstich – (**2**). Gleichzeitig 2 Gewebefäden auf die Nadel fassen und wieder ausstechen (**3**).

Den Faden dann durchziehen, bis er locker auf dem Gewebe aufliegt.
In Kurzform kann man sagen: 2 fassen, 2 lassen.

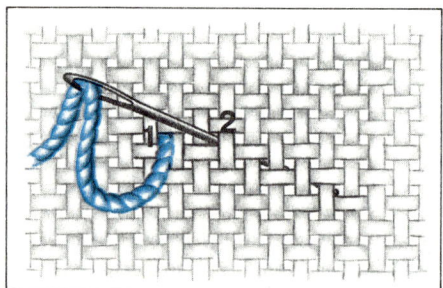

Arbeitsweise für Linkshänder
Gearbeitet wird von links nach rechts. Von der Rückseite des Stoffes zur Vorderseite ausstechen – Ausstich – (**1**), dabei das Fadenende 6 bis 8 cm auf der Rückseite hängen lassen. Dann

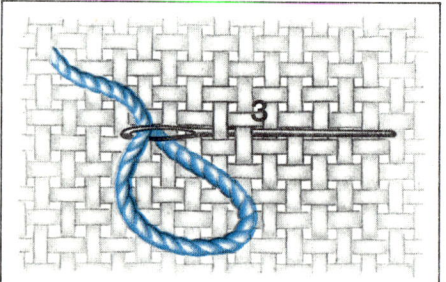

2 Gewebefäden nach rechts zählen und in den Stoff von der Vorderseite einstechen – Einstich – (**2**). Gleichzeitig 2 Gewebefäden auf die Nadel fassen und wieder ausstechen (**3**).

Den Faden dann durchziehen, bis er locker auf dem Gewebe aufliegt.
In Kurzform kann man sagen: 2 fassen, 2 lassen.

Rückseite

Vorder- und Rückseite sehen wie beim Webstich gleich aus.

Beim Vorstich, wie auch bei allen folgenden Stichen, müssen Anfangs- und Endfäden vernäht werden, damit die Stickerei sich nicht auflösen kann. Hierfür zieht man den End- und Anfangsfaden 5- bis 8mal schlangenähnlich durch die Stiche auf der Rückseite. Dies sollte nur in einer Richtung ausgeführt werden und auf der Stickreihe, die mit dem Faden auch gestickt wurde.

Was tun bei Fehlern?

Sollte man sich einmal verzählt haben, oder ist man aus sonstigen Gründen mit seiner Arbeit nicht zufrieden, so zieht man den entsprechenden Stickfaden einfach heraus.

Möchte man nur ein paar Stiche auslösen, so nimmt man zunächst den Arbeits-faden aus dem Öhr und zieht mit der Nadel Stich für Stich auf. Auch bereits vernähte Fäden werden auf diese Weise wieder aufgezogen.

Was tun, wenn der Arbeitsfaden zu Ende ist?

Der Endfaden wird auf der Rückseite vernäht. Mit dem neuen Faden beginnt man 2 Gewebefäden vom letzten Stich entfernt. Von der Rückseite her nach vorne ausstechen. Der Neubeginn ist mit einer 2. Farbe dargestellt.

Borte

Eine Borte ist ein Muster, das von der Mitte aus nach oben und unten sich in Stich, Farbe und Abstand gleichmäßig wiederholt. Die abgebildete Borte mit nur 3 Farben zeigt die vielfältigen Möglichkeiten des Vorstiches. Die Stiche sind über 3 Fäden gearbeitet. In der Mitte (gelb) ist der Vorstich einreihig versetzt. Darüber und darunter folgen 2 Reihen Vorstiche (rot), durch die gelbe Fäden gegengleich durchgezogen sind. Den Abschluß bilden 4 Reihen (blau) ohne Zwischenraum.

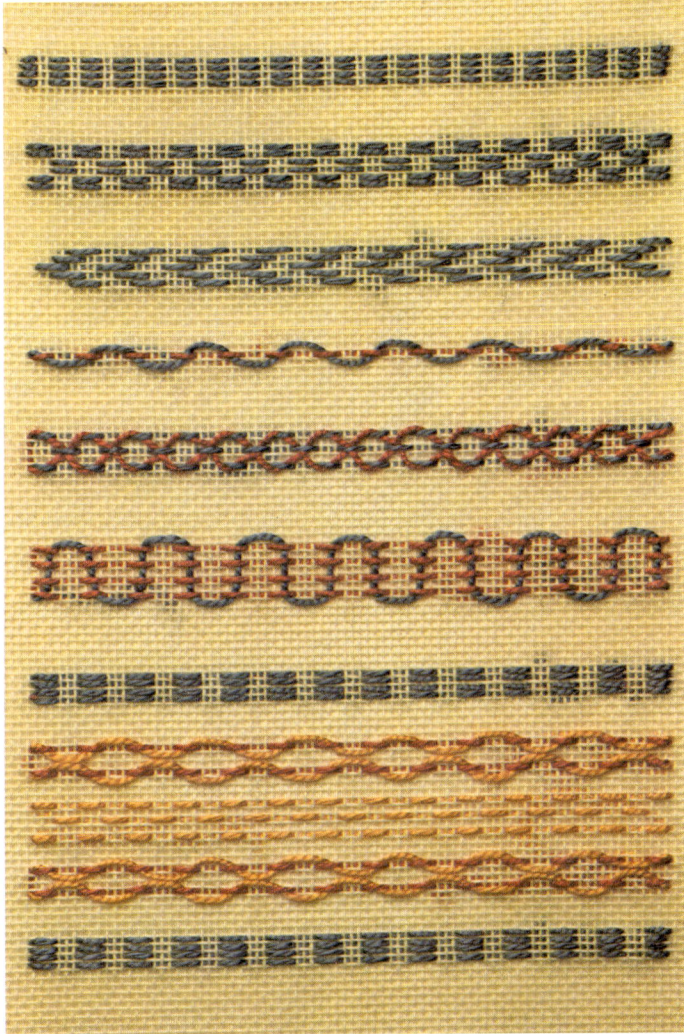

Variationen mit dem Vorstich: Man kann die Stichgröße bis etwa 4 Gewebefäden verändern. Der Vorstich ist auch eine Art Hilfsstich, durch den man anschließend andere Stickfäden hindurchziehen kann.
Material: Kongreßstoff und Perlgarn Nr. 5.

13

Steppstich

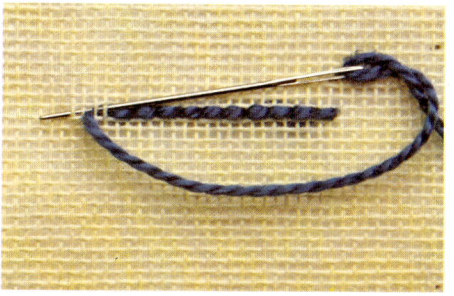

Beim Steppstich liegen die Stiche dicht beieinander. Durch Zurückstechen werden die Zwischenräume ausgefüllt. Man nennt den Stich deshalb auch Rückstich. Er wird nicht nur als Zierstich, sondern auch als Nutzstich (Naht) angewendet.

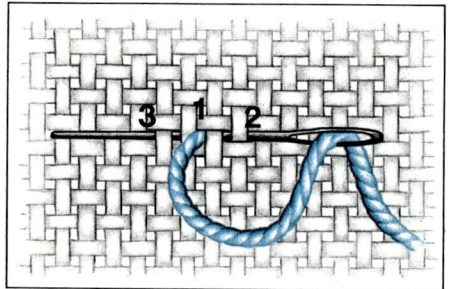

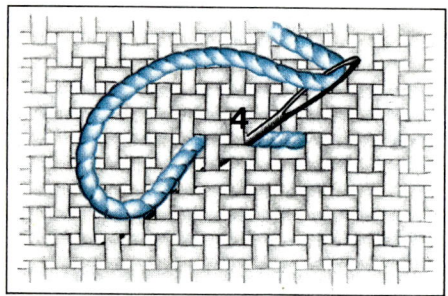

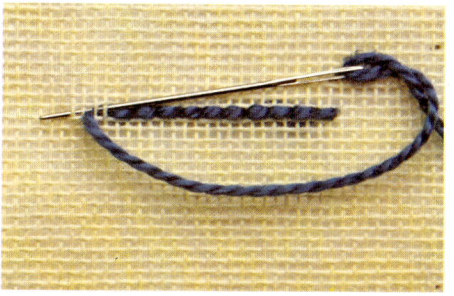

Arbeitsweise für Rechtshänder
Die Arbeitsrichtung ist immer von rechts nach links. 2 Gewebefäden vom eigentlichen Rand nach links zählen, von der Unterseite zur Oberseite ausstechen (**1**). Diese 2 Gewebefäden wieder nach rechts zurückzählen, einstechen (**2**). Die doppelte Anzahl, also 4 Gewebefäden nach links zählen und auf die Nadel fassen, ausstechen (**3**). Von dieser Ausstichstelle zurückgehen bis zu der 1. Ausstichstelle, einstechen (**4**) und die doppelte Anzahl der Gewebefäden, also 4, auf die Nadel fassen, ausstechen usw. In Kurzform gesagt: 2 Fäden zurück, 4 Fäden vor. Statt 2 kann man auch 3 oder 4 Gewebefäden nehmen.

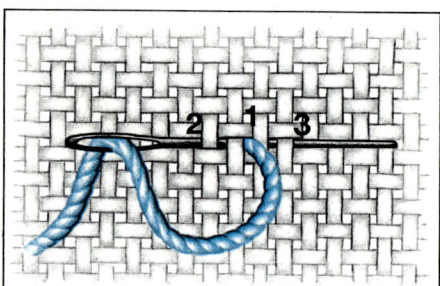

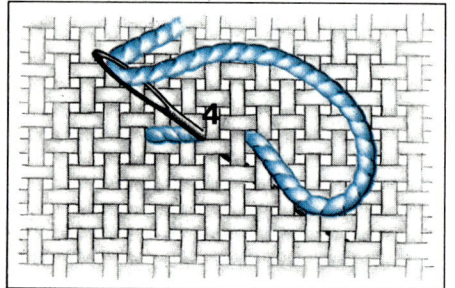

Arbeitsweise für Linkshänder
Die Arbeitsrichtung ist immer von links nach rechts. 2 Gewebefäden vom eigentlichen Rand nach rechts zählen, von der Unterseite zur Oberseite ausstechen (**1**). Diese 2 Gewebefäden wieder nach links zurückzählen, einstechen (**2**). Die doppelte Anzahl (4) Gewebefäden nach rechts zählen und auf die Nadel fassen, ausstechen (**3**). Von dieser Ausstichstelle zurückgehen bis zu der 1. Ausstichstelle, einstechen (**4**) und die doppelte Anzahl der Gewebefäden (4) auf die Nadel fassen, ausstechen usw. In Kurzform gesagt: 2 Fäden zurück, 4 Fäden vor. Statt 2 kann man auch 3 oder 4 Gewebefäden nehmen.

14

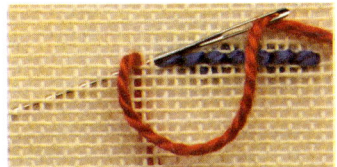

Rückseite

Durch die Rückstiche zeigt die Rückseite viel längere ineinandergreifende Stiche als die Vorderseite.

Beim Vernähen der End- und Anfangsfäden wird schlangenähnlich durch diese Stiche gezogen. Je nach Dichte der Stiche genügen dafür 5 bis 8 Stiche. Den Restfaden schneidet man dann ab. Dieses Verfahren gilt auch für fast alle folgenden Stiche.

Was tun bei Fehlern?

Fehler treten meistens durch Verzählen ein und können die schönste Stickerei verderben. Aufziehen lohnt sich deshalb immer. Man zieht den Stickfaden aus dem Nadelöhr und zieht mit der Sticknadel Stich für Stich vorsichtig aus dem Gewebe heraus, manchmal auch zusätzlich auf der Rückseite. Auf diese Weise werden auch alle folgenden Zierstiche bei Fehlern aufgezogen.

Was tun, wenn der Arbeitsfaden zu Ende ist?

Wenn der Arbeitsfaden zu Ende geht, bleibt man auf der Rückseite der Stickarbeit und vernäht den Endfaden. Mit dem neuen Arbeitsfaden sticht man 2 Gewebefäden (je nach Stichgröße auch mehr) aus und arbeitet in üblicher Weise weiter.

Variationen

Das Mustertuch zeigt den Steppstich zuerst über 2, dann über 4 Gewebefäden gearbeitet. Die unteren 3 Reihen zeigen den Steppstich als Hilfsstich, durch den ein Stickfaden auf verschiedene Weise durchgezogen ist.
Material: Kongreßstoff, Perlgarn Nr. 5.

Anwendungsmöglichkeiten

Der Steppstich eignet sich als Zierstich bei Borten und bildhaftem Sticken sowie als Ergänzungsstich bei anderen Zierstichen (z.B. Flachstich und Kreuzstich). Da er sehr fest ist, kann man ihn auch zum Zusammenfügen von Stoffteilen (Naht) anwenden.

Buchhülle

Das klassische Steppstichmuster ist mit 4fädigem Sticktwist auf gut auszählbarem Stoff gearbeitet. Die Größe der Hülle richtet sich nach dem gewünschten Buchformat. An den Längsseiten etwa 6 cm zugeben. Diese nach dem Sticken der Bordüre als Saum (siehe Seite 62) umlegen und mit kleinen Saumstichen »unsichtbar« befestigen. An beiden Schmalseiten etwa 8 cm zugeben. Den Vorderseiteneinschlag oben und unten mit kleinen Überwindlingsstichen (siehe Seite 63) zusammennähen.

Stielstich

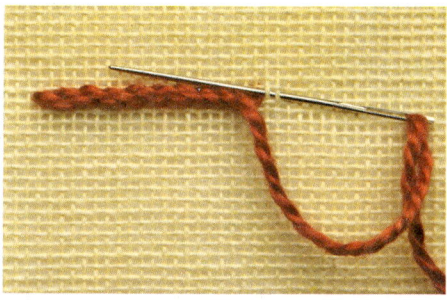

Der Stielstich sieht aus wie die Rückseite eines Steppstiches. Die Arbeitsweise ist fast die gleiche, nur arbeitet man ihn in entgegengesetzter Richtung. Die Vorderseite ergibt eine klare Linie (Stiel). Die weit ineinandergreifenden Stiche gleichen einer lose gedrehten Schnur.

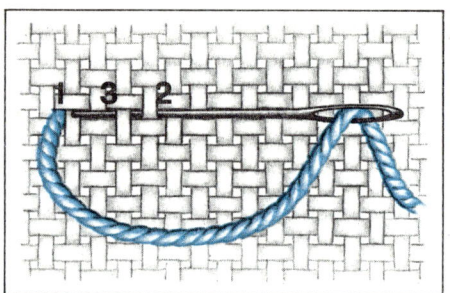

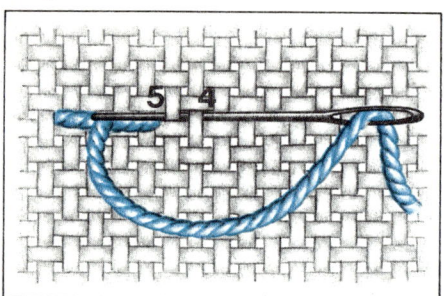

Arbeitsweise für Rechtshänder

Man arbeitet den Stielstich von links nach rechts. An der gewünschten Stelle von der Rückseite zur Vorderseite ausstechen (**1**). 4 Gewebefäden nach rechts zählen, einstechen (**2**), 2 Gewebefäden nach links zählen und auffassen, ausstechen (**3**). Der Arbeitsfaden liegt unterhalb der Ausstichstelle. 4 Gewebefäden nach rechts zählen, einstechen (**4**), 2 Gewebefäden nach links zählen (**5**) (= 1. Einstichstelle) usw. Kurz gesagt: 4 Fäden vor, 2 Fäden zurück.

Man muß darauf achten, daß man entweder unterhalb oder oberhalb des Arbeitsfadens aussticht.

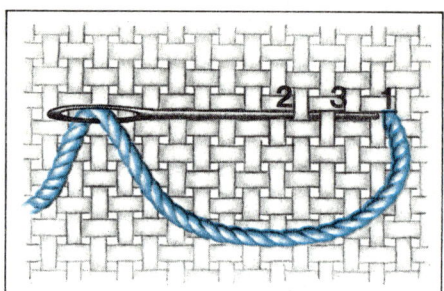

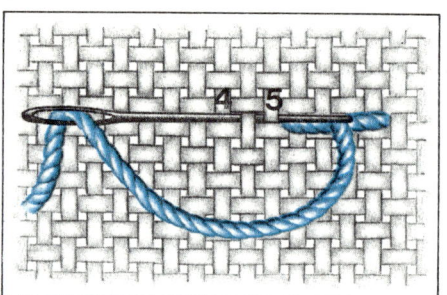

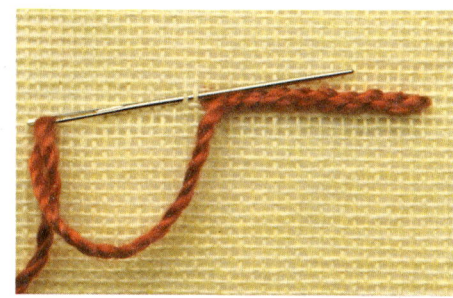

Arbeitsweise für Linkshänder

Man arbeitet den Stielstich von rechts nach links. An der gewünschten Stelle von der Rückseite zur Vorderseite ausstechen (**1**). 4 Gewebefäden nach links zählen, einstechen (**2**), 2 Gewebefäden nach rechts zählen und auffassen, ausstechen (**3**). Der Arbeitsfaden liegt unterhalb der Ausstichstelle. 4 Gewebefäden nach links zählen, einstechen (**4**), 2 Gewebefäden nach rechts zählen (**5**) (= 1. Einstichstelle) usw. Kurz gesagt: 4 Fäden vor, 2 Fäden zurück.

Man muß darauf achten, daß man entweder unterhalb oder oberhalb des Arbeitsfadens aussticht.

16

Rückseite

Sie sieht aus wie der Steppstich. Beim Vernähen wird der Anfangs- und Endfaden durch die enganliegenden, relativ festen Stiche gezogen.

Was tun bei Fehlern?

Fehler entstehen hier häufig, wenn beim Zurückstechen der Arbeitsfaden ab und zu mal nach unten und mal nach oben gelegt wird. Dann ist die typische Linie unruhig und sollte, wie bereits beschrieben, aufgezogen werden: mit der Sticknadel Stich für Stich auf der Vorder- und Rückseite herausziehen.

Was tun, wenn der Arbeitsfaden zu Ende ist?

Der Endfaden wird auf der Rückseite der Stickarbeit vernäht. Mit dem neuen Arbeitsfaden sticht man unmittelbar am *vorletzten* Stich aus. Dabei einen 6 bis 8 cm langen Faden zum späteren Vernähen hängen lassen. Danach wie gewohnt 4 Gewebefäden auszählen usw.

Variationen

1 Stielstich über 2 Gewebefäden. Der Stickfaden wird nach unten gelegt.
2 Stielstich über 3 Gewebefäden. Der Stickfaden wird im Wechsel einmal nach oben und einmal nach unten gelegt (versetzt).
3 Stichgröße über 3 Gewebefäden. Der Stickfaden wird immer nach oben gelegt.
4 Borte mit 3 Reihen einfachem Stielstich, darunter und darüber 2 Reihen versetzter Stielstich.
Material: Kongreßstoff und Perlgarn Nr. 5.

Anwendungsmöglichkeiten

Der Stielstich eignet sich für Muster und Borten, beim bildhaften Gestalten für Umrisse und Pflanzenstiele.

Variationen

Eierwärmer

Mittelgrobes Gewebe in doppelter Größe (20 x 20 cm) zuschneiden und mit der Nähmaschine versäubern. Ungefähr 5 cm von der unteren Kante entfernt die selbstentworfene Borte aus Steppstich, Stielstich und Vorstich mit 4fädigem Sticktwist sticken. Danach von links bügeln, die Seitennaht schließen, die gleichgroßen Umschläge innen zusammennähen, und die Eierwärmer wieder auf rechts stülpen. Zum Schluß den oberen Teil mit einer Kordel abbinden.

Kettenstich

Das Aussehen des Kettenstiches erinnert an die Glieder einer Kette. Obwohl er recht breit wirkt, wird seine Grundform auch in einer Linie gearbeitet, allerdings senkrecht, von oben nach unten.

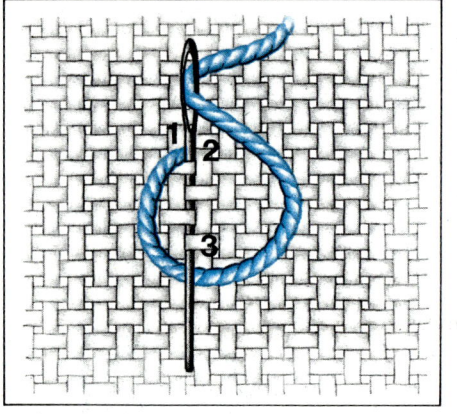

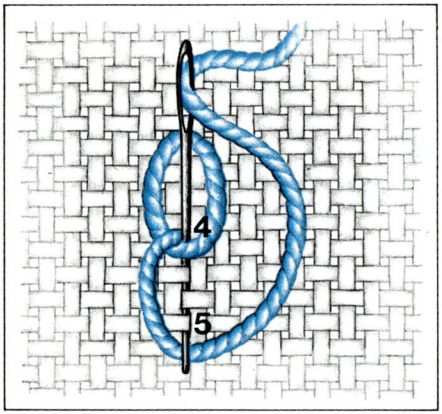

Arbeitsweise
(Die unteren Abbildungen gelten für Linkshänder.)
An der gewünschten Stelle von der Unterseite des Gewebes zur Oberseite ausstechen (**1**). Den Arbeitsfaden als

Schlinge nach unten legen, in die Ausstichstelle einstechen (**2**), 4 Gewebefäden senkrecht nach unten zählen und auf die Nadel fassen. Beim Ausstechen (**3**) liegt der Arbeitsfaden unter der Nadel, Faden *locker* durchziehen.

Erneut eine Schlinge nach unten legen, in die 2. Ausstichstelle einstechen, und zwar oberhalb der ersten Schlinge (**4**) usw. Am Ende einer Stickreihe sticht man unmittelbar unter der Schlinge aus und befestigt sie dadurch.

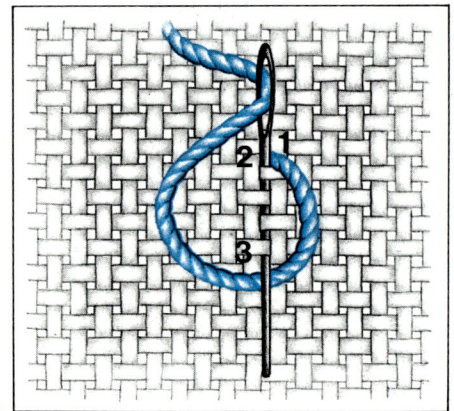

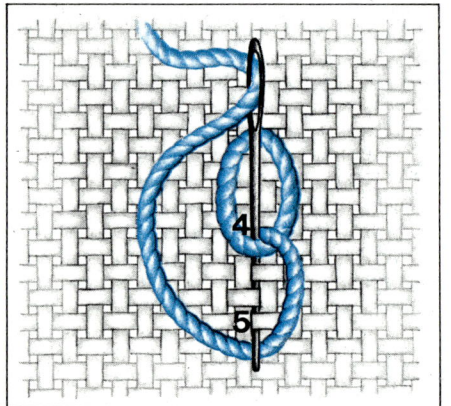

Rückseite

Auf der Rückseite liegen die senkrechten Stiche dicht nebeneinander. Durch diese werden die Anfangs- und Endfäden des Stickfadens verwahrt.

Was tun bei Fehlern?

Wenn beim Arbeiten des Kettenstiches darauf geachtet wird, daß bei den Ein- und Ausstichen nicht in Gewebe- oder Stickfaden gestochen wird, so kann man den Stich wie eine Luftmasche durch Ziehen am Faden auflösen.

Was tun, wenn der Arbeitsfaden zu Ende ist?

Man sticht in die Ausstichstelle oberhalb der Schlinge ein und läßt den Arbeitsfaden zunächst auf der Unterseite hängen. Nun sticht man mit dem neuen Arbeitsfaden wie gewohnt oberhalb der jetzt lockerliegenden Schlinge aus.

Abwandlungen

Man kann den Kettenstich abwandeln, indem man die Einstichstelle versetzt.

Rechtshänder

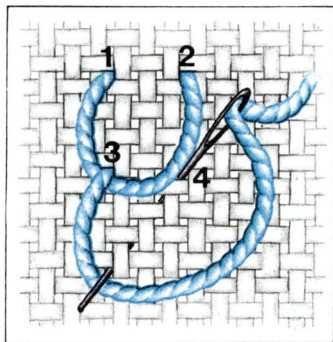

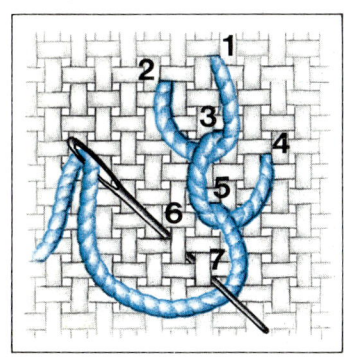

Offener Kettenstich, Arbeitsweise für Rechts- und Linkshänder

Die 1. Einstichstelle (**2**) liegt einige Gewebefäden rechts, für Linkshänder links, neben dem Ausstich (**1**). Bei allen weiteren Stichen liegt die Einstichstelle (**4**) außerhalb der Schlinge.

Verschränkter Kettenstich, Arbeitsweise für Rechts- und Linkshänder

Nach dem Ausstich (**1**) wird die Schlinge verschränkt gelegt. Der Einstich (**2**) erfolgt einige Gewebefäden links, für Linkshänder rechts, neben dem Ausstich. Bei allen weiteren Stichen liegt die Einstichstelle außerhalb der Schlinge (**4**).

Bäumchenstich, Arbeitsweise für Rechts- und Linkshänder

Dieser Stich wird auch Fischgrätenstich genannt. Er wird offen und versetzt nach rechts *und* links gearbeitet (beim Zählen etwas aufpassen). Der Bäumchenstich kann darüber hinaus variiert werden, indem man die Ausstichstellen verändert.

Linkshänder

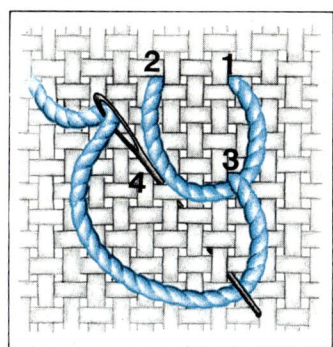

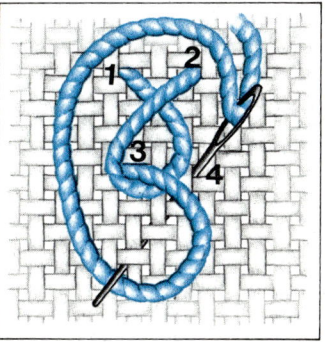

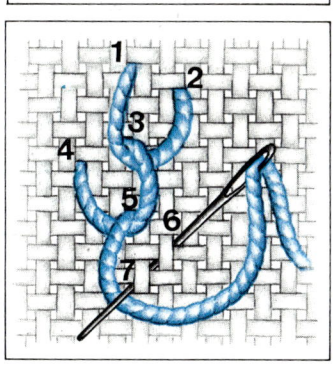

19

Flachstich

Der Flachstich wird auch Spann- und Plattstich genannt.
Die vorangegangenen Stiche wurden alle fadengerade, das heißt zwischen 2 Schußfäden in einer Linie gearbeitet. Der Flachstich wird dagegen in 2 Ebenen gestickt. Man zählt von unten nach oben und spannt den Stickfaden senkrecht über die gewünschte Höhe.

Dieser Stich ist sehr einfach zu sticken und bietet durch seine Vielfältigkeit unzählige Variationen, die auch bei Kindern zu eigenen Entwürfen anregen.
Bei den Vorbereitungen zu diesem Stich ist allerdings zu beachten, daß er durch seine Höhe und Dichte viel Zeit und Material braucht.

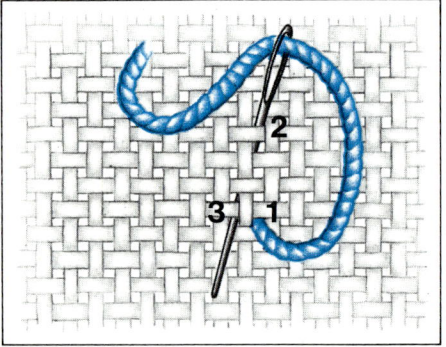 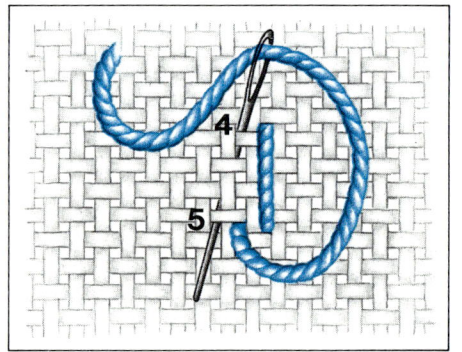

Arbeitsweise
(Die unteren Abbildungen gelten für Linkshänder.)
Die Arbeitsrichtung ist von rechts nach links, für Linkshänder von links nach

rechts. Von der Rückseite zur Vorderseite ausstechen (**1**). 4 Gewebefäden senkrecht nach oben zählen, einstechen (**2**). Direkt neben der Ausstichstelle wieder ausstechen (**3**) und den

Faden durchziehen. Wieder 4 Gewebefäden senkrecht nach oben zählen, einstechen (**4**); neben der 2. Ausstichstelle ausstechen (**5**) usw.

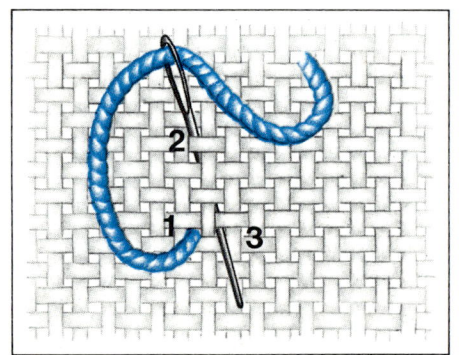 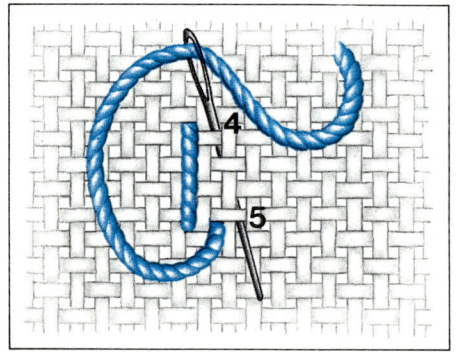 

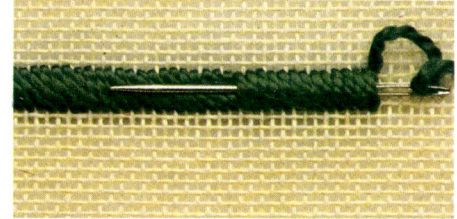

Rückseite

Die Rückseite des Flachstiches hat leicht schräg gestellte Stiche. Durch diese zieht man die Anfangs- und Endfäden je nach Stichhöhe 8 bis 10 cm lang. Je höher der Stich, um so lockerer liegt der vernähte Faden darunter; er sollte dann entsprechend länger durchgezogen werden.

Was tun bei Fehlern?

Die relativ einfache Technik des Flachstiches verführt zu oberflächlichem Arbeiten. Sehr schnell sticht man 2mal in dasselbe Gewebeloch oder läßt 2 statt 1 Gewebefaden aus. Die nun leicht schrägen Stiche fallen oft erst beim Betrachten des Gesamtbildes als Unregelmäßigkeit auf. Deshalb sollte man die Arbeit häufig überprüfen.

Anwendungsmöglichkeiten

Der Flachstich findet Anwendung bei Borten, flächenfüllenden Mustern, Motivstickerei und Randbefestigungen.

Variationen

Auf dem abgebildeten Mustertuch sind nur einige einfache Variationen mit dem Flachstich gestickt. Mit Buntstiften und Karopapier lassen sich unendlich viele Muster spielerisch entwerfen. *Material:* Kongreßstoff, Perlgarn Nr. 5.

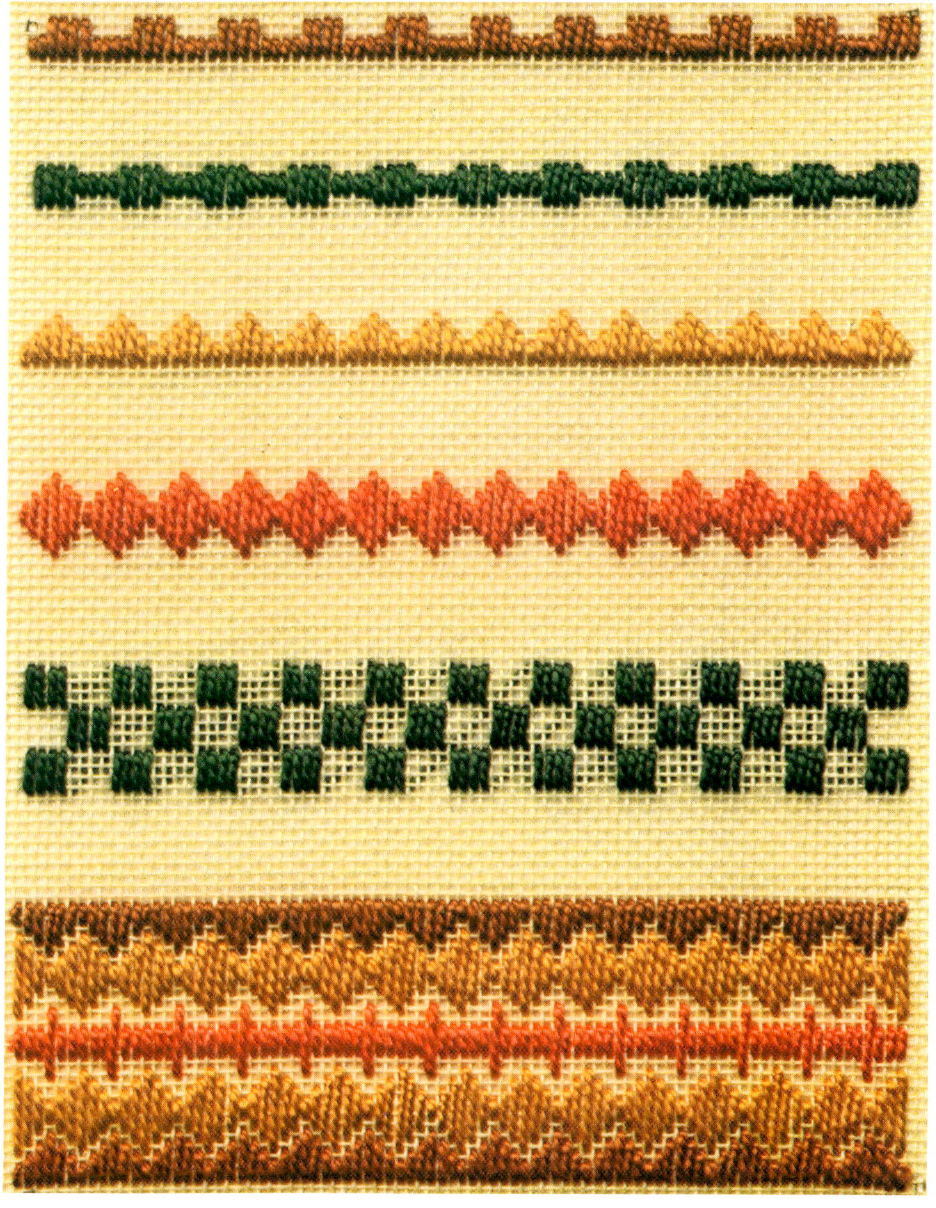

21

Flachstich als Randbefestigung mit Eckenbildung

Die *fortlaufende Ecke* ist die einfachste der drei Möglichkeiten. Man arbeitet einige Gewebefäden vom oberen Rand entfernt den Flachstich bis in die Ecke (Pfeil). Dann dreht man die Arbeit im rechten Winkel und stickt in der gleichen Höhe (Pfeil) direkt weiter.

Für die *Strahlenecke* sticht man so lange in dieselbe Ausstichstelle (innen), bis die Stiche wieder gerade sind. Ein Beispiel: Bei einem Flachstich von 4 Fäden Höhe wird 8mal in das gleiche Loch gestochen. Am äußeren Rand stickt man normal weiter.

Bei der *schrägen Ecke* verkürzt man die Stiche immer um 1 Gewebefaden. Dann setzt man in einem rechten Winkel gegengleich die Stiche bis zur inneren Ecke.
Ist der gewünschte Gegenstand umrandet, kann man die überstehenden Gewebefäden abschneiden oder als Fransen stehen lassen.

Variationen
Auf dem rechts abgebildeten Mustertuch werden geometrische Muster gezeigt, die sich sowohl für Borten als auch zur flächenfüllenden Gestaltung eignen.
Material: Kongreßstoff, Perlgarn Nr. 5.

Nadelkissen
Größe: 11 x 11 cm.
Material: mittelgrobes Baumwollgewebe, 4fädiger Sticktwist in 2 Brauntönen.
Zierstich: Flachstich in 3 Variationen und Strahlenecke.
Füllmaterial: alte, kleingeschnittene Perlonstrümpfe.

Deckchen mit Fransen
Das Deckchen wurde von einem 12jährigen Jungen gestickt.
Größe: 20 x 20 cm.
Material: Flockenbast, Perlgarn Nr. 3. *Zierstich:* Flachstich. *Randbefestigung:* durch Flachstich mit schräger Eckenbildung.

Tischpapierkorb
Größe: 20 x 46 cm.
Material: Rupfen und Perlgarn Nr. 3.
Zierstich: Flachstich als Flächenmuster.
Arbeitsweise: Den Stoff nach der Größe der Dose zuschneiden, dabei an den langen Seiten für oben und unten je 4 cm, für die Naht an den Schmalseiten je 1 cm Zugabe berechnen.

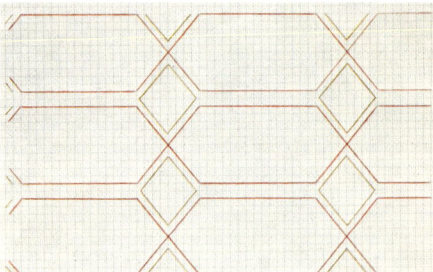

Musterentwurf: Die Grundidee des Musters auf Karopapier entwerfen. In diesem Fall sind es gleichlange gerade und schräge Linien.

Flächenaufteilung: Zunächst wird das Gewebe in Flächen aufgeteilt und mit Stichen gekennzeichnet, dabei geht man immer von der Mitte aus. Man kann dann sehen, in welcher Größe das gewünschte Muster gestickt wer-

den muß. Abzählen und Ausprobieren bleibt aber trotzdem nicht erspart.
Zu beachten ist, daß das Muster am Anfang und Ende (Naht) fortlaufend weiterführt.

Am Kreuzungspunkt der roten Schrägen werden die Flachstiche verkürzt gestickt.
Nach dem Sticken die Naht exakt schließen und ausbügeln. Die Stickerei von links bügeln, und die Dose in die Umhüllung schieben.
Umschlag an der Innenseite ankleben, das Gewebe am Dosenboden in gleichmäßige Fältchen legen und ankleben.

Tip: Da der Rupfen locker gewebt ist und eventuelle Beschriftungen durchscheinen könnten, sollte die Dose vorher angestrichen werden.

23

Schlingstich

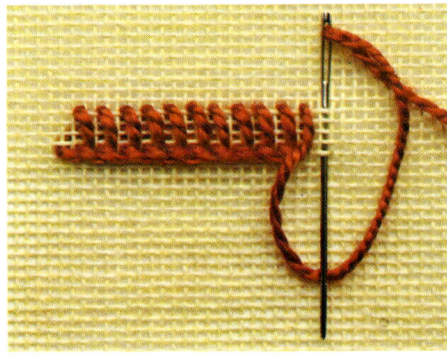

Der Schlingstich wird auch, je nach Anwendungsbereich, Feston- und Langettenstich genannt. Seine Vorderseite zeigt senkrechte Stiche, die unten durch Verschlingung der Fäden eine durchgehende Linie mit schräg ineinandergreifenden Fäden bilden.

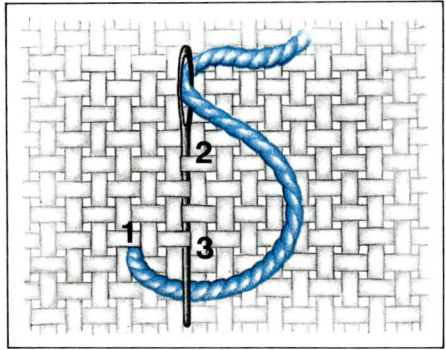

Arbeitsweise für Rechtshänder
Man arbeitet von links nach rechts und von oben nach unten. Von der Rückseite zur Vorderseite ausstechen (1)

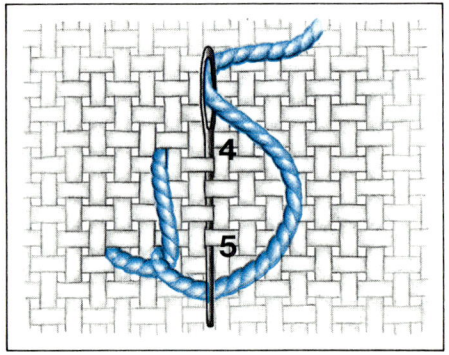

und 1 Schlinge nach unten legen. 2 Gewebefäden nach rechts und 4 Fäden senkrecht nach oben zählen, einstechen (2). 4 Gewebefäden senk-

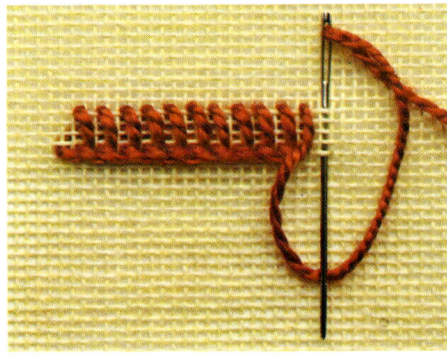

recht nach unten zählen, auffassen, ausstechen (3); die Schlinge liegt unter der Nadel. Arbeitsfaden nach unten durchziehen usw. (4, 5).

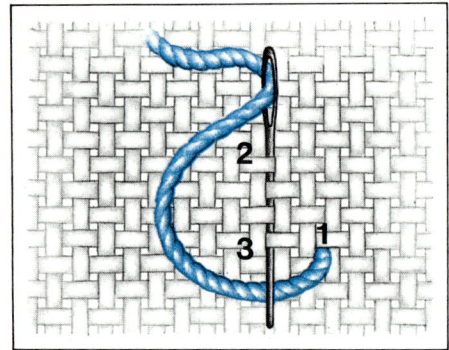

Arbeitsweise für Linkshänder
Man arbeitet von rechts nach links und von oben nach unten. Von der Rückseite zur Vorderseite ausstechen (1)

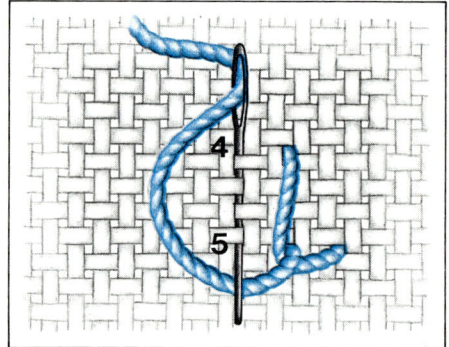

und 1 Schlinge nach unten legen. 2 Gewebefäden nach links und 4 senkrecht nach oben zählen (2). 4 Gewebefäden senkrecht nach unten zählen,

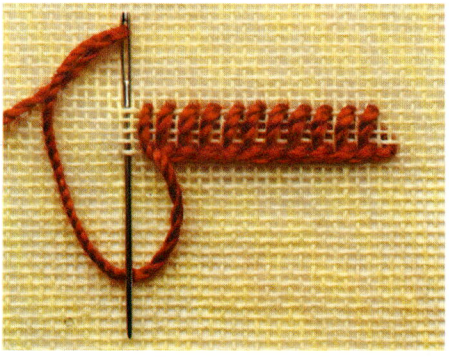

auffassen, ausstechen (3); die Schlinge liegt unter der Nadel. Arbeitsfaden nach unten durchziehen usw. (4, 5).

24

Rückseite

Sie zeigt nur senkrechte Stiche, die an einen auseinandergezogenen Flachstich erinnern. Durch diese zieht man den Anfangs- und Endfaden zum Vernähen.

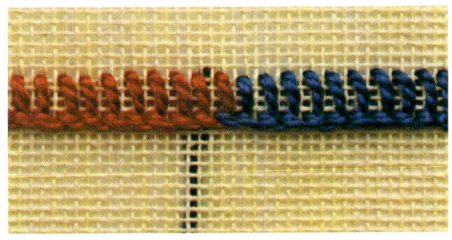

Was tun, wenn …

a) der Arbeitsfaden zu Ende ist?
Man beendet in diesem Fall den Stich am oberen Einstichpunkt (**2**) und läßt den Endfaden zunächst auf der Rückseite hängen. Auf der Vorderseite bleibt eine lockere Schlinge. Mit dem neuen Arbeitsfaden 4 Gewebefäden tiefer ausstechen (**3**), dabei den Anfangsfaden zum Vernähen auf der Rückseite hängen lassen und wie gewohnt weiterarbeiten.

b) die Stickreihe beendet werden soll?
Die letzte Schlinge befestigt man mit einem kleinen Querstich außerhalb der Schlinge direkt daneben.

Variationen

Der Schlingstich kann eng oder weit, hoch oder tief, abwechselnd von oben und unten versetzt und reihenweise ineinandergreifend als flächenfüllendes Muster gearbeitet werden. Zur Randversäuberung ist er gleichzeitig auch Nutzstich.
Material: Kongreßstoff, Perlgarn Nr. 5.

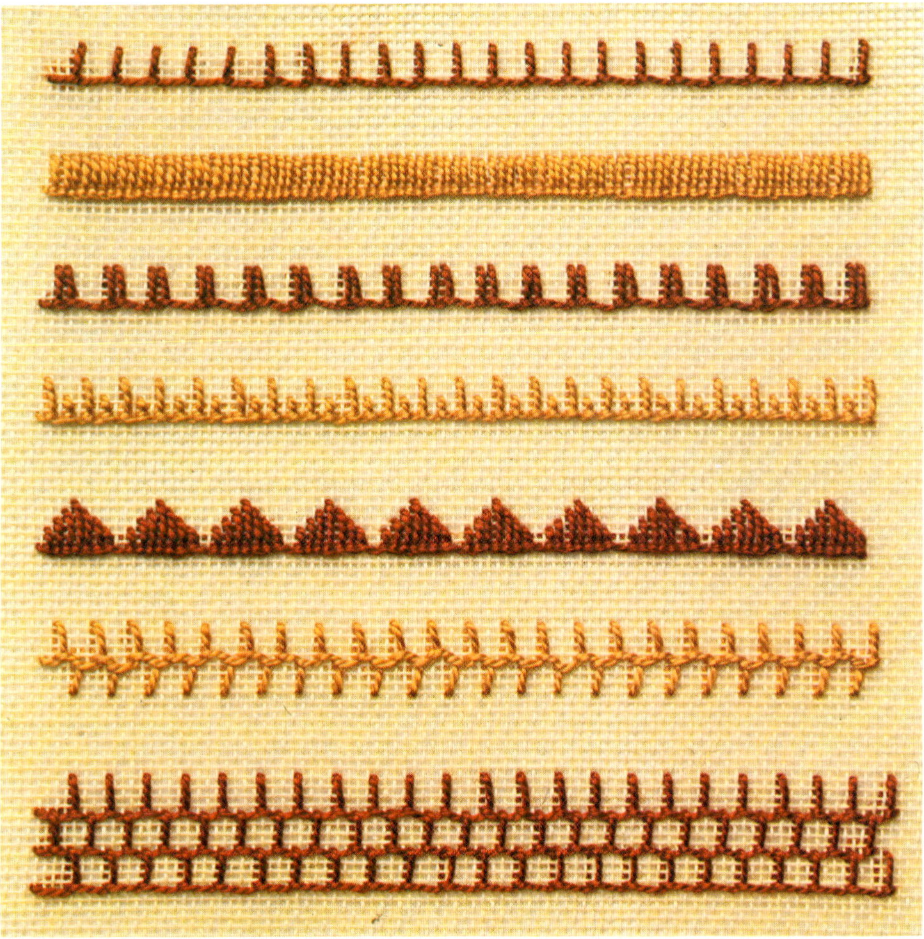

Beim Schlingstich wird eine Strahlenecke gearbeitet. Je nach Dichte des Stiches sticht man so oft in das gleiche Gewebeloch auf der Innenseite der Ecke, bis die Stiche wieder senkrecht stehen.

25

Zickzackstich

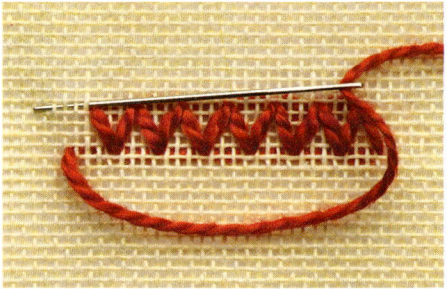

Er ist er erste Stich in diesem Lehrgang, der auf der Vorderseite schräge Stiche hat. Er bildet gleichmäßige Zacken, deren Höhe und Breite beliebig geändert werden können. Auch können die Stiche 1- oder 2farbig untereinander gesetzt werden, wodurch man dekorative Effekte erzielt.

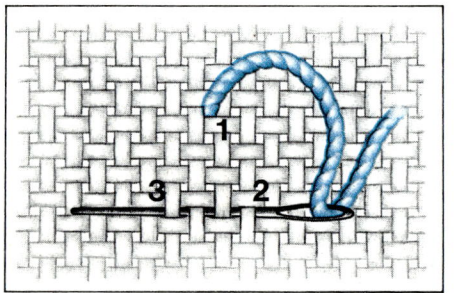

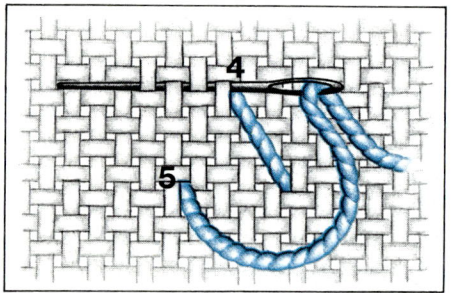

Arbeitsweise für Rechtshänder
Man arbeitet von rechts nach links. Der Stich kann beispielsweise über 4 Gewebefäden in der Höhe und in der Breite gestickt werden. Vom oberen Rand 2 Gewebefäden nach links zäh-

len, ausstechen (**1**). 4 Gewebefäden senkrecht nach unten und 2 Fäden nach rechts zum Rand zählen, einstechen (**2**). 4 Gewebefäden nach links zählen, auffassen, ausstechen (**3**). Oben in die 1. Ausstichstelle einste-

chen (**4**) (= die Spitze der ersten Zacke), 4 Gewebefäden nach links zählen, auffassen, ausstechen (**5**) usw.

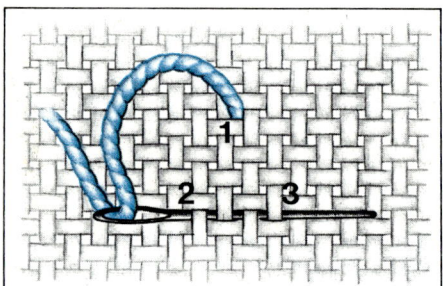

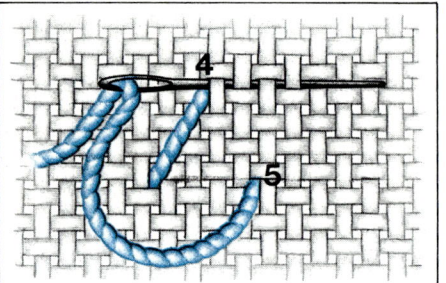

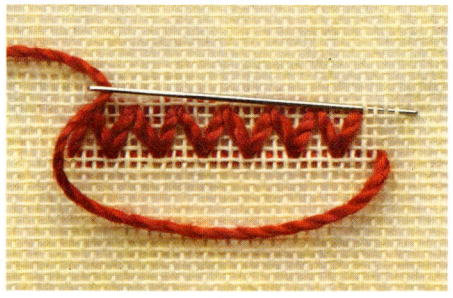

Arbeitsweise für Linkshänder
Man arbeitet von links nach rechts. Der Stich kann beispielsweise über 4 Gewebefäden in der Höhe und in der Breite gestickt werden. Vom oberen Rand 2 Gewebefäden nach rechts zäh-

len, ausstechen (**1**). 4 Gewebefäden senkrecht nach unten und 2 Fäden nach links zum Rand zählen, einstechen (**2**). 4 Gewebefäden nach rechts zählen, auffassen, ausstechen (**3**). Oben in die 1. Ausstichstelle einste-

chen (**4**) (= die Spitze der ersten Zacke), 4 Gewebefäden nach rechts zählen, auffassen, ausstechen (**5**) usw.

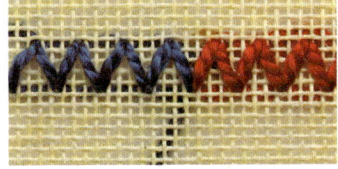

Rückseite

Auf der Rückseite sind 2 versetzte, steppstichähnliche Reihen. Das Vernähen erfolgt waagerecht in einer dieser Steppstichreihen durch schlangenähnliches Durchziehen der Anfangs- und Endfäden.

Was tun bei Fehlern?

Bei diesem Stich passiert es sehr leicht, daß man sich vor allem bei breiten Stichen verzählt. Dann stehen die Zacken »schief« und wirken störend auf das Gesamtbild. In diesem Fall den Arbeitsfaden unbedingt aus dem Öhr ziehen und Stich für Stich bis zur Fehlerquelle mit der Sticknadel aufziehen. Eine regelmäßige Kontrolle der Vorder- und Rückseite erspart manches lästige Aufziehen. Hier ein Tip zur Kontrolle: Die Zackenspitze sollte immer in der Mitte stehen. Wenn man mit der Sticknadel von einer Zackenspitze senkrecht nach unten beziehungsweise nach oben zieht, müssen rechts und links neben der Nadel gleichviele Gewebefäden sein.

Was tun, wenn der Faden zu Ende ist?

Am besten, man beendet den Stich, das heißt eine Zacke (oben an der Spitze), sticht zur Rückseite und vernäht den Endfaden. Dann sticht man 4 Gewebefäden neben der Zackenspitze aus und zieht den Faden bis auf 6 bis 8 cm durch. Danach sticht man unten in das letzte Ausstichloch ein, nimmt 4 Gewebefäden nach links auf die Nadel usw.

Variationen

Auf dem rechts abgebildeten Mustertuch sieht man die vielseitige Verwendungsmöglichkeit des Zickzackstichs. Die Höhe und Breite des Grundstichs (4 hoch, 4 breit) ist hier bis zu 6 Ge-webefäden verändert. Durch Darüber- oder Daruntersetzen mehr- oder auch gleichfarbiger Reihen entsteht immer wieder eine neue Wirkung. Besonders reizvoll sind auch Ton-in-Ton-Abstufungen über ganze Flächen gearbeitet. Die Borte unten ist eine Kombination mit nur 3 Farben der oben aufgezeigten Stiche.

Material: Kongreßstoff, Perlgarn Nr. 5.

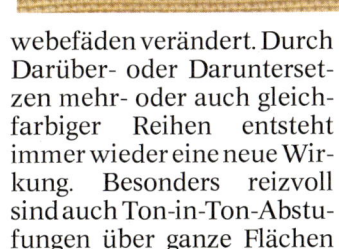

Hexenstich

Die Vorderseite zeigt, wie auch beim Zickzackstich, nur Schrägstiche. Diese überkreuzen sich oben und unten in versetzter Anordnung. Höhe und Breite des Stiches sind veränderlich.

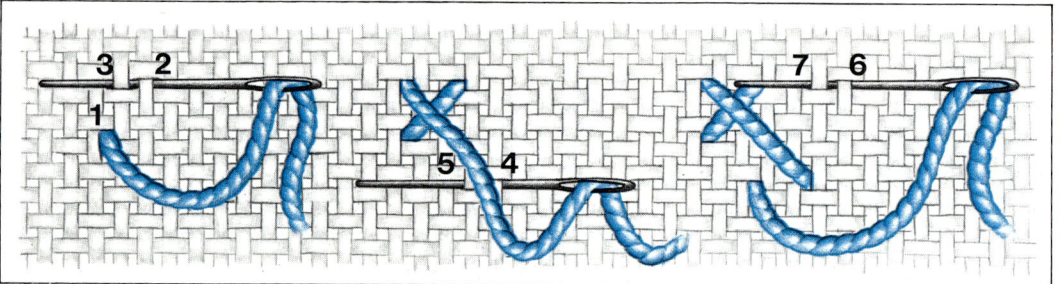

Arbeitsweise für Rechtshänder

Man arbeitet von links nach rechts, beispielsweise über 4 Fäden. Links am Rand in der Mitte der Stichhöhe ausstechen (**1**). 2 Gewebefäden senkrecht nach oben und 2 Fäden nach rechts zählen, einstechen (**2**). 2 Gewebefäden nach links zum Rand zählen, auffassen, ausstechen (**3**). Von hier 4 Fäden senkrecht nach unten und 4 Gewebefäden nach rechts zählen, einstechen (**4**). 2 Fäden nach links zählen, auffassen, ausstechen (**5**). Von hier 4 Gewebefäden nach rechts und 4 Fäden senkrecht nach oben zählen, einstechen (**6**). 2 Gewebefäden wieder nach links zählen, auffassen, ausstechen (**7**). Von hier 4 Fäden nach rechts und 4 senkrecht nach unten zählen, einstechen usw.

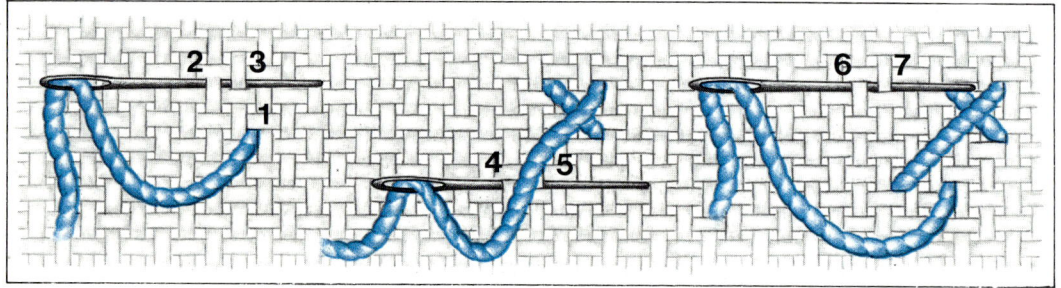
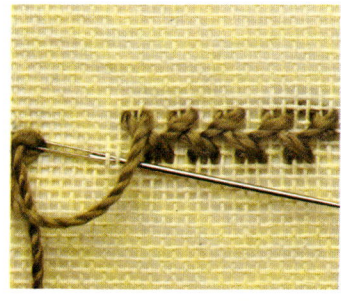

Arbeitsweise für Linkshänder

Man arbeitet von rechts nach links, über beispielsweise 4 Fäden. Rechts am Rand in der Mitte der Stichhöhe ausstechen (**1**). 2 Gewebefäden senkrecht nach oben und 2 Fäden nach links zählen, einstechen (**2**). 2 Gewebefäden nach rechts zum Rand zählen, auffassen, ausstechen (**3**). Von hier 4 Fäden senkrecht nach unten und 4 Gewebefäden nach links zählen, einstechen (**4**). 2 Fäden nach rechts zählen, auffassen, ausstechen (**5**). Von hier 4 Gewebefäden nach links und 4 Fäden senkrecht nach oben zählen, einstechen (**6**). 2 Gewebefäden wieder nach rechts zählen auffassen, ausstechen (**7**). Von hier 4 Fäden nach links und 4 senkrecht nach unten zählen, einstechen usw.

28

Rückseite

Die Rückseite zeigt 2 Reihen waagerechte vorstichähnliche Stiche, die oben und unten versetzt sind. In einer dieser Reihen werden die Arbeitsfäden vernäht.

Was tun bei Fehlern?

Durch Verzählen können die Hexenstiche ein schiefes Aussehen erhalten, was sich auf den Gesamteindruck störend auswirkt. Neben der Vorderseite – Zwischenraum und Stichbreite sind gleich groß – sollte man auch die Rückseite regelmäßig kontrollieren und gegebenenfalls die Stiche bis zur Fehlerstelle einzeln ausziehen.

Was tun, wenn der Faden zu Ende ist?

Man beendet den Stich mit dem langen Schrägstich und vernäht den Endfaden auf der Rückseite. Nun muß mit dem Kreuzungspunkt begonnen werden. Man zählt also die entsprechenden Gewebefäden (hier 2) vom letzten unteren Einstich nach links, bei Linkshändern nach rechts, sticht von unten aus und arbeitet wie üblich weiter.

Variationen

Der Hexenstich ist ein sehr verwandlungsreicher Zierstich. Wie beim Zickzackstich ist auch hier Höhe und Breite variabel. Das auf der rechten Seite abgebildete Mustertuch zeigt außerdem verschiedene Möglichkeiten, eine zweite Farbe einzuarbeiten, zum Beispiel durch Durchschlingen (2. Variation) oder mit dem Vorstich (3. Variation). Bei der 4. Variation ist eine 2. Farbe in die Zwischenräume gesetzt. Danach ist der Hexenstich ohne Zwischenraum gezeigt. Die 6. Variation zeigt den Stich als flächenfüllendes Muster. In der untersten Reihe ist der Stich einmal groß und einmal klein gearbeitet.

Der Hexenstich ist auch ein praktischer Nutzstich. Mit ihm befestigte Säume an dehnbaren Stoffen bleiben elastisch.

Material: Kongreßstoff, Perlgarn Nr. 5.

Schultertasche

Material: Rupfen, Perlgarn Nr. 5.
Größe: 31 x 26 cm.
Zierstiche: Hexenstich, Kettenstich (gelb), Flachstich (braun), 2 Reihen durchschlungener Vorstich (grün), in der Mitte eine Reihe Stielstich (gelb).
Naht: Überwindlingsnaht.
Arbeitsweise: Den Stoff 32 x 52 cm zuschneiden. Danach über alle 4 Seiten einen 2 cm breiten Saum arbeiten (an den Ecken muß ein Innenteil des Saumes ausgeschnitten werden). Jetzt die Lasche mit dem entworfenen Muster sticken. Zum Schluß die Seiten mit dem Überwindlingsstich schließen.

30

Brustbeutel aus Rupfen

Material: Mattstickgarn.
Zierstiche: Hexenstiche in verschiedenen Ausführungen und 2 Reihen gelbe Stielstiche.
Arbeitsweise: Den Stoff ungefähr 25 x 12 cm zuschneiden und die Schnittkanten versäubern. Danach die entworfene Borte von der Mitte der Längsseite ausgehend sticken. An der Schmalseite der Tasche einen Umschlag von etwa 2 cm legen und mit gleichfarbigem Nähfaden säumen. Die Nähte mit Steppstichen schließen und an der Lasche rundherum 1 cm Umschlag mit kleinen Saumstichen befestigen. Als Verschluß einen Knopf annähen und eine Garnschlinge arbeiten (siehe Seite 63).

Nadelbuch

Das Nadelbuch wurde von einem 10jährigen Mädchen gestickt.
Material: Kongreßstoff, Perlgarn Nr. 5.
Größe: 12 x 11 cm.
Zierstiche: Vorstich, Flachstich, Steppstich.
Randversäuberung: Schlingstich.
Arbeitsweise: Man stickt die Borte von der Mitte ausgehend. Die Anfangs- und Endfäden der Vorstichreihen in der Mitte sind für die Schleife geflochten.

Reisetäschchen

Material: grobes Baumwollgewebe, Perlgarn Nr. 5.
Größe: 16 x 10 cm.
Zierstiche: 2 Reihen durchschlungener Vorstich, 2 Reihen Zickzackstich, in der Mitte 3 Reihen Steppstich. Schlingstich als Randversäuberung.
Arbeitsweise: Die Größe des Zuschnitts ist ungefähr 18 x 30 cm. Zuerst die Schnittkanten versäubern, 1/2 cm einschlagen, stecken, heften und mit Schlingstichen befestigen. An den Schmalseiten einen Saum von etwa 2 cm arbeiten. Dann die entworfene Borte in der gewünschten Breite auf die Lasche sticken. Danach die Seitennähte mit dem Überwindlingsstich zusammennähen, dabei von jeder Seite 1 Schlingstichfaden umstechen.

Mustertuch

Das rechts abgebildete Mustertuch entstand beim Erlernen der einzelnen Sticktechniken. Jeder neue Stich wurde in diesem Tuch geübt. Der einfachste Stich, der Webstich, umrahmt das farbenfrohe »Stickpuzzle«.

Material: zählbares Baumwollgewebe, Stickgarnreste.

31

Kreuzstich

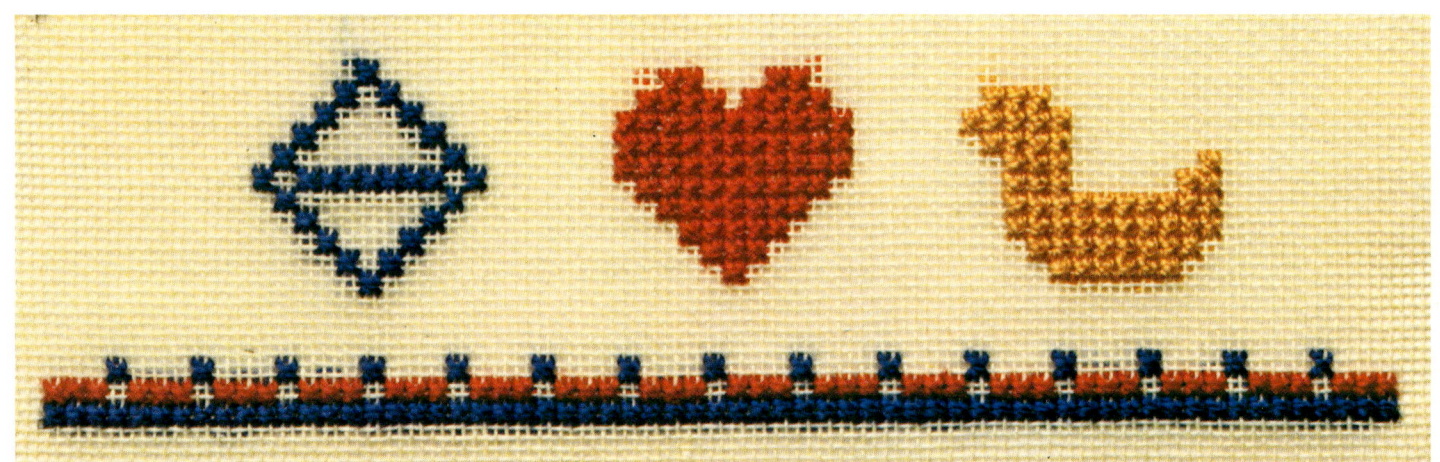

Der Kreuzstich ist schon seit vielen Jahrhunderten einer der beliebtesten Sticharten. Der Ursprung liegt im alten orientalischen Byzanz. Von dort aus kam er über Italien nach Europa. Man stickte den Kreuzstich im Vorderen Orient überwiegend mit rotem Faden aus. Dieser »Farbe des Lebens« sprach man die Macht zu, Dämonen abzuwehren.

Die Kreuzstichstickerei ist eine Volkskunst, die über die Jahrhunderte hinweg, je nach Religion sich weiter wandelte. Es gibt unzählige Möglichkeiten, den Kreuzstich anzuwenden: zum Beispiel Borten, Flächenmuster, geometrische und figürliche Motive.

Allgemeine Regeln

Der Kreuzstich ist ein Zählstich, der nur auf Geweben mit auszählbaren Fäden gearbeitet werden sollte. Man beobachtet sehr unterschiedlich angewandte Techniken. Aber nicht alle bringen die Schönheit des Kreuzstiches voll zur Geltung.
Folgende Regeln sollte man unbedingt beachten:
1. Der Kreuzstich besteht aus 2 diagonalen Stichen, dem Unter- und dem Oberstich.
2. Die Reihenfolge, in der Unter- und Oberstich gearbeitet werden, sollte innerhalb einer Stickarbeit immer gleich sein. Ist dies nicht der Fall, so geht die Gleichmäßigkeit verloren.
3. Höhe und Breite des Kreuzstiches sind immer gleich. Er bildet also ein Quadrat.
4. Innerhalb einer Kreuzsticharbeit sollte man immer die gleiche Technik anwenden, das heißt, auf der Rückseite sind entweder nur senkrechte oder nur waagerechte Stiche zu sehen. Ausnahmen sind der diagonale Kreuzstich und bei der senkrechten Technik, wenn zwischen den Stichen innerhalb einer Reihe Abstände vorkommen.

Man unterscheidet drei verschiedene Kreuzsticharten:
1. der waagerechte Kreuzstich,
2. der senkrechte Kreuzstich,
3. der diagonale Kreuzstich.
Auf den folgenden Seiten wird bei allen 3 Kreuzsticharten nur auf eine Arbeitsweise (Technik) eingegangen, die erfahrungsgemäß bereits von Kindern gut verstanden wird.

32

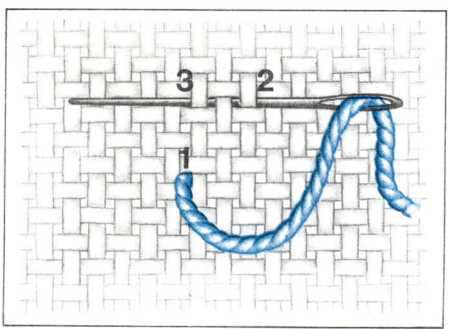

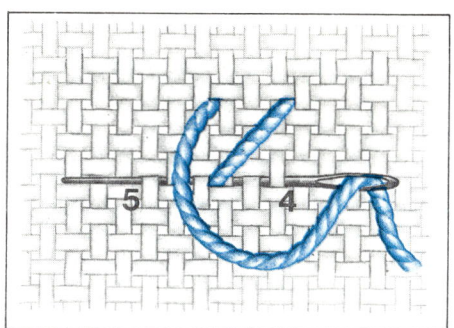

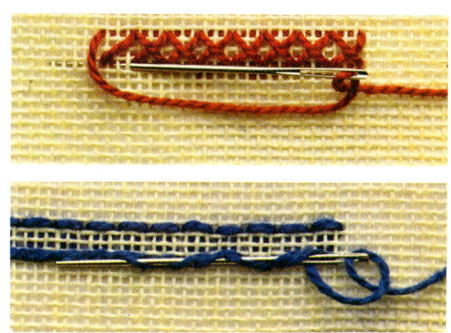

Arbeitsweise des waagerechten Kreuzstiches für Rechtshänder

Man arbeitet von rechts nach links und beginnt unten in der linken Ecke des quadratischen Kreuzstiches. Bei einer Stichgröße von 3 Gewebefäden zählt man diese vom gewünschten Rand nach links und sticht von der Rückseite zur Vorderseite aus (**1**). 3 Gewebefäden

wieder zum Rand nach rechts, 3 Gewebefäden senkrecht nach oben zählen, einstechen (**2**). 3 Gewebefäden nach links zählen, diese auffassen und ausstechen (**3**) (= Unterstich).
Vom Einstichpunkt (**2**) 3 Gewebefäden senkrecht nach unten zählen und einstechen (**4**). Das erste Kreuz ist fertig. Dann von dieser Einstichstelle

6 Gewebefäden nach links zählen und ausstechen. So beginnt der neue Stich, der dicht an den 1. Stich gesetzt wird.
Die Rückseite des waagerechten Kreuzstiches zeigt 2 waagerechte Linien, von denen die obere wie ein Steppstich und die untere wie ein Stielstich aussieht. Das Vernähen erfolgt immer in der unteren Reihe.

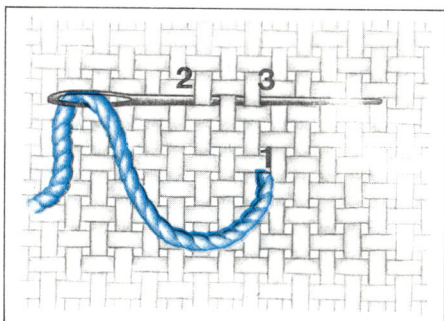

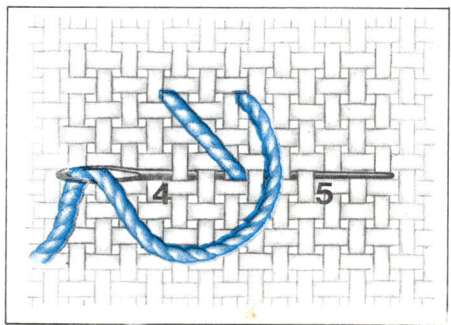

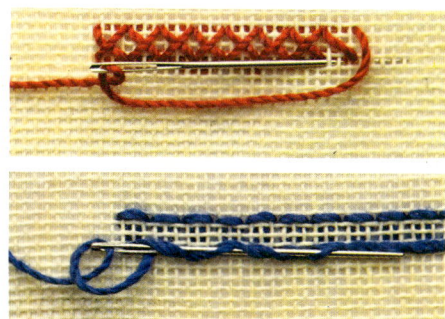

Arbeitsweise des waagerechten Kreuzstiches für Linkshänder

Man arbeitet von links nach rechts und beginnt unten in der rechten Ecke des quadratischen Kreuzstiches. Bei einer Stichgröße von 3 Gewebefäden zählt man diese vom gewünschten Rand nach rechts und sticht von der Rückseite zur Vorderseite aus (**1**). 3 Gewebefäden wieder zum Rand nach links,

3 Gewebefäden senkrecht nach oben zählen, einstechen (**2**). 3 Gewebefäden nach rechts zählen, diese auffassen und ausstechen (**3**) (= Unterstich).
Vom Einstichpunkt (**2**) 3 Gewebefäden senkrecht nach unten zählen und einstechen (**4**). Das erste Kreuz ist fertig. Dann von dieser Einstichstelle 6 Gewebefäden nach rechts zählen und ausstechen. So beginnt der neue

Stich, der dicht an den 1. Stich gesetzt wird.
Die Rückseite des waagerechten Kreuzstiches zeigt 2 waagerechte Linien, von denen die obere wie ein Steppstich und die untere wie ein Stielstich aussieht.
Das Vernähen erfolgt immer in der unteren Reihe.

33

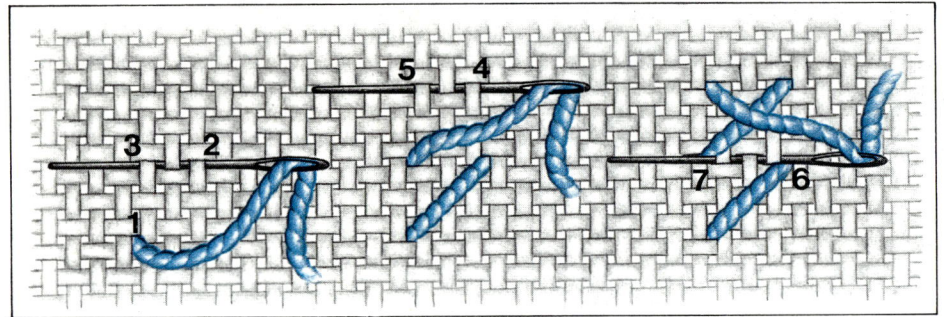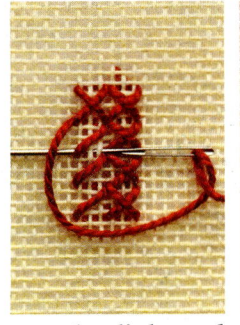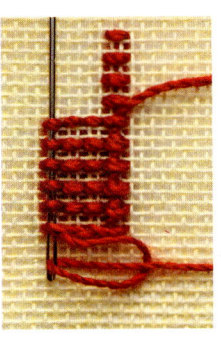

Arbeitsweise des senkrechten Kreuzstiches für Rechtshänder

Man arbeitet zuerst alle Unterstiche, dann alle Oberstiche. Am rechten Rand beginnen. Die entsprechenden Gewebefäden (hier 3) nach links zählen, ausstechen (1) (= linke Ecke des quadratischen Kreuzstiches). 3 Gewebefäden nach rechts und 3 senkrecht nach oben zählen, einstechen (2) (= Unterstich). 3 Gewebefäden nach links zählen, auffassen und ausstechen (3). Den nächsten Unterstich oberhalb des 1. arbeiten (4, 5). Auf diese Weise einen Unterstich über den anderen setzen, bis zur gewünschten Höhe. Danach wird ein Oberstich nach dem anderen abwärts gearbeitet: den Faden von der linken oberen Ecke (5) diagonal nach rechts unten führen, einstechen (6), 3 Gewebefäden nach links zählen und ausstechen (7) usw.

Für die nächste Reihe vom letzten Einstich 6 Gewebefäden nach links zählen, ausstechen und die Unterstiche senkrecht nach oben arbeiten. Die Rückseite zeigt nur waagerechte Stiche.

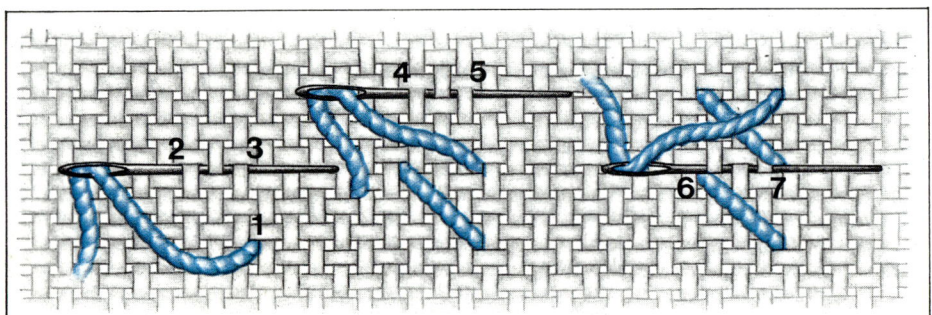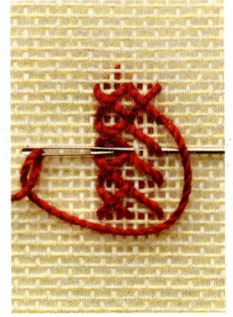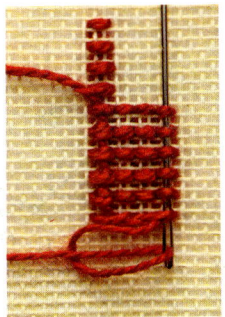

Arbeitsweise des senkrechten Kreuzstiches für Linkshänder

Man arbeitet zuerst alle Unterstiche, dann alle Oberstiche. Am linken Rand beginnen. Die entsprechenden Gewebefäden (hier 3) nach rechts zählen, ausstechen (1) (= rechte Ecke des quadratischen Kreuzstiches). 3 Gewebefäden nach links und 3 senkrecht nach oben zählen, einstechen (2) (= Unterstich). 3 Gewebefäden nach rechts zählen, auffassen und ausstechen (3). Den nächsten Unterstich oberhalb des 1. arbeiten (4, 5). Auf diese Weise einen Unterstich über den anderen setzen, bis zur gewünschten Höhe.

Danach wird ein Oberstich nach dem anderen abwärts gearbeitet: den Faden von der rechten oberen Ecke (5) diagonal nach links unten führen, einstechen (6), 3 Gewebefäden nach rechts zählen, ausstechen (7) usw.

Für die nächste Reihe vom letzten Einstich 6 Gewebefäden nach rechts zählen, ausstechen und die Unterstiche senkrecht nach oben arbeiten. Die Rückseite zeigt nur waagerechte Stiche.

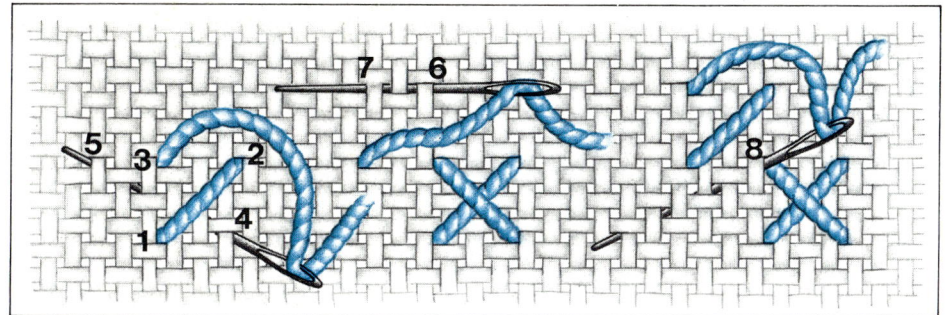

Arbeitsweise des diagonalen Kreuzstiches für Rechtshänder

Der diagonale Kreuzstich nach links wird von rechts unten nach links oben gearbeitet, der diagonale Kreuzstich nach rechts von rechts oben nach links unten. Beide Diagonalen zusammen bilden ein zickzackförmiges Muster. Den ersten Stich stickt man wie beim waagerechten Kreuzstich. Bei der Diagonalen nach links für den Beginn des neuen versetzten Stiches 3 Gewebefäden neben **3** ausstechen (**5**). Nun beginnt der neue Stich nach der bekannten Arbeitsweise (**6, 7, 8**).
Bei der Diagonalen nach rechts müssen die nach unten führenden Stiche in der gleichen Reihenfolge gearbeitet werden; das heißt, jeder Kreuzstich beginnt links unten im Quadrat. Nach dem ersten Kreuz von der letzten Einstichstelle 3 Gewebefäden senkrecht nach unten und 6 nach links zählen, ausstechen und den neuen Stich beginnen. Auf keinen Fall die Arbeit drehen. Die Rückseite zeigt waagerechte und und schräge Stiche.

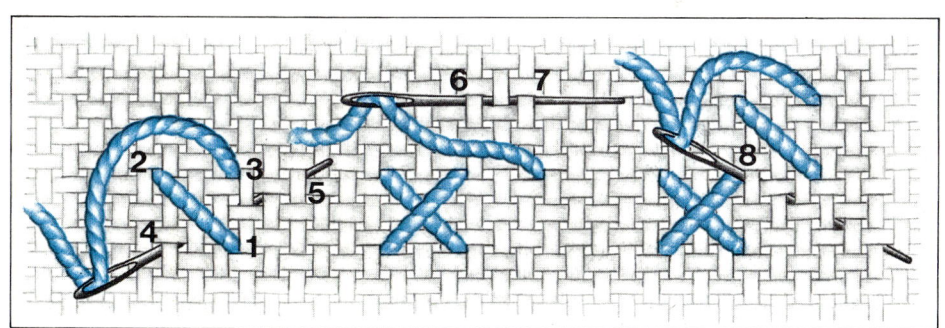

Arbeitsweise des diagonalen Kreuzstiches für Linkshänder

Der diagonale Kreuzstich nach rechts wird von links unten nach rechts oben gearbeitet, der diagonale Kreuzstich nach links von links oben nach rechts unten. Beide Diagonalen zusammen bilden ein zickzackförmiges Muster. Den ersten Stich stickt man wie beim waagerechten Kreuzstich. Bei der Diagonalen nach rechts für den Beginn des neuen versetzten Stiches 3 Gewebefäden neben (**3**) ausstechen (**5**). Nun beginnt der neue Stich nach der bekannten Arbeitsweise (**6, 7, 8**).
Bei der Diagonalen nach links müssen die nach unten führenden Stiche in der gleichen Reihenfolge gearbeitet werden; das heißt, jeder Kreuzstich beginnt rechts unten im Quadrat. Nach dem ersten Kreuz von der letzten Einstichstelle 3 Gewebefäden senkrecht nach unten und 6 nach rechts zählen, ausstechen und den neuen Stich beginnen. Auf keinen Fall die Arbeit drehen. Die Rückseite zeigt waagerechte und lange schräge Stiche.

35

Planung und Entwürfe

Die Grundregeln und die Vielseitigkeit der verschiedenen Kombinationen erfordern Planung. Bei den Entwürfen sollte man immer gleichzeitig an die Ausführung denken. Zu viele Farben für einzelne Stiche und zu viele Zwischenräume erschweren die sinnvolle Ausführung. Man sollte mit einfachen Borten und Motiven beginnen. Die Entwürfe werden auf Karopapier, zunächst mit Bleistift, dann mit Farbstiften gezeichnet.

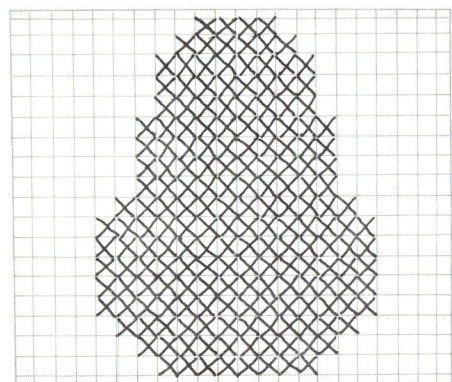

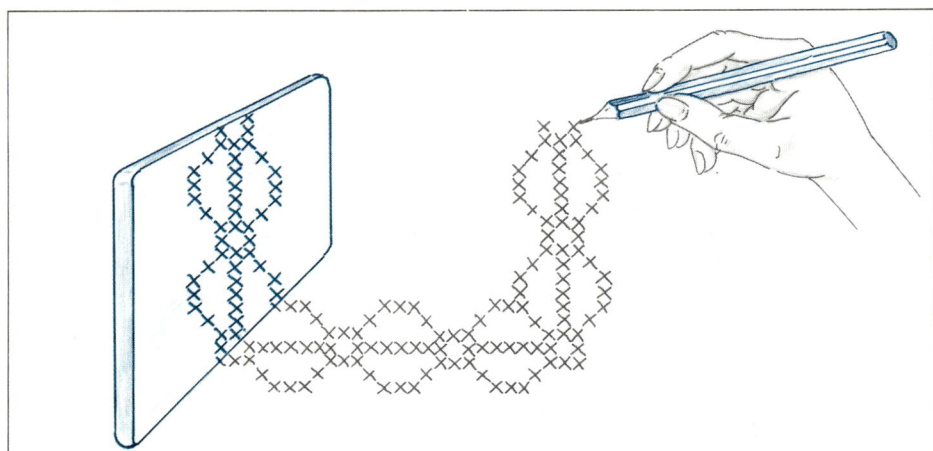

Eckenbildung

Durch Aufstellen eines rahmenlosen Spiegels kann man den Teil der Borte heraussuchen, der die schönste Ecke ergibt. Der Spiegel muß diagonal so in das Muster gehalten werden, daß die im Spiegelbild fortlaufenden Stiche im rechten Winkel stehen. Hat man die schönste Ecke gefunden, so zeichnet man sie im rechten Winkel abbiegend ab.

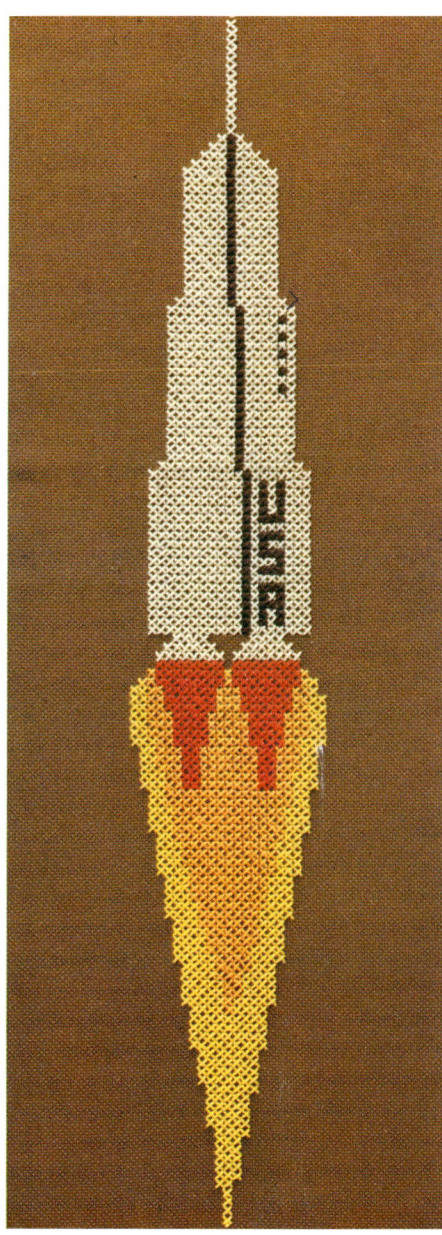

Gürtel mit Folkloremuster
Material: grobes Baumwollgewebe, ungeteilter Sticktwist.
Zierstich: waagerechter Kreuzstich.
Arbeitsweise: Stoff auf doppelte Gürtelbreite mit Nahtzugabe zuschneiden. Borte sticken, Naht schließen und beidseitig 1 Fadenschlinge für die Kordel arbeiten.

Raumschiff
Größe: 23 x 73 cm.
Material: grobes Baumwollgewebe, Perlgarn Nr. 5.
Das Bild wurde von einem 15jährigen Jungen entworfen und gestickt. Es ist mit dem senkrechten Kreuzstich gearbeitet.

Kreuzstichbild
Größe: 20 x 25 cm.
Material: mittelgrobes Baumwollgewebe, 5fädiger Sticktwist.
Zierstiche: Schnabel des Kükens und die Fühler des Schmetterlings mit Steppstich, alles andere mit dem senkrechten und diagonalen Kreuzstich.

Bildhaftes Gestalten

Unter bildhaftem Gestalten versteht man eine Art Malen mit Faden und Nadel. Man entwirft und zeichnet ein Bild auf Papier und überträgt dieses auf Stoff. Je nach Geduld und Geschicklichkeit kann man dann mit den bereits erlernten Stichen Umrisse nachsticken und Flächen ausfüllen. Etwas schwieriger wird vielleicht für manche sein, daß nun nicht mehr unbedingt *fadengerade* gearbeitet wird. Doch mit ein bißchen Übung bekommt man das notwendige Fingerspitzengefühl.

Anregung für Motive findet man überall: in seiner unmittelbaren Umgebung, zum Beispiel in Büchern, auf Fotos und Bildern; vor allem aber bietet die Natur unendlich viele Möglichkeiten für das bildhafte Gestalten.

Was man alles dazu braucht

Die leichteste Art, Entwürfe auf den Stoff zu übertragen, ist das Arbeiten mit Schablonen. Das Motiv auf leichte Pappe zeichnen und ausschneiden. Dieses auf den Stoff legen und die Umrisse nachzeichnen. Kleinere Ergänzungen können frei eingezeichnet werden. Eine 2. Möglichkeit der Musterübertragung ist die Durchpausmethode. Kopierpapier mit der farbigen

Das abgebildete Mustertuch zeigt Blätter aus Steppstichen, Tiere aus Stiel- und Kettenstichen, einen Ball aus Stielstichen, Grasbüschel aus Schlingstichen und eine Blume aus mehreren Sticharten.

Seite auf den Stoff legen, darauf den Entwurf. Zuvor die Mitte des Musters und die Mitte des Stoffes markieren. Nun mit einem harten Bleistift (oder Stricknadel) das Muster nachziehen. Dabei aufpassen, daß außerhalb der Musterlinien kein Druck ausgeübt wird, sonst entstehen Flecken vom Kopierpapier.

Bei beiden Methoden darauf achten, daß die Markierungslinien überstickt werden und somit nicht mehr sichtbar sind.

Adventskalender als Wandbehang
Material: grobes Baumwollgewebe,
Perlgarn Nr. 3.

Größe: 100 x 31 cm.
Dieses weihnachtliche Bild wurde
überwiegend aus dem Flachstich gearbeitet. Die eingearbeiteten Ringe sind
zum Anhängen kleiner Überraschun-
gen gedacht.

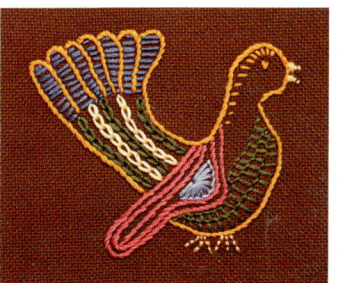

**Fantasievoller
Pfau**
Stickarbeit eines 10jährigen
Mädchens.
Material: feineres Baum-
wollgewebe und Perlgarn
Nr. 5.
Ergänzend zur Stickerei sind
hier angemalte Wäsche-
knöpfe angenäht worden.

**Bunter
Fantasievogel**
Material: grobes Baumwollgewebe, ungeteilter Sticktwist.
Zierstiche: Stielstich, Kettenstich, Flachstich, Schlingstich, Steppstich.

**Einfaches
Kinderstickbild**
Material: Kon-
greßstoff und
Perlgarn Nr. 5.
Dieses Bild
wurde frei nach
einem Entwurf
aus Vor-,
Stepp- und
Flachstichen
gearbeitet.

Briefkarten
Aus Stoff und Stickgarnresten
kann man in kurzer Zeit schöne
Glückwunschkarten sticken.

Nach bisher sehr einfach entworfenen Bildern werden im
folgenden Zierstiche gezeigt, die
aus Stickbildern nicht wegzu-
denken sind.

39

Knötchenstich

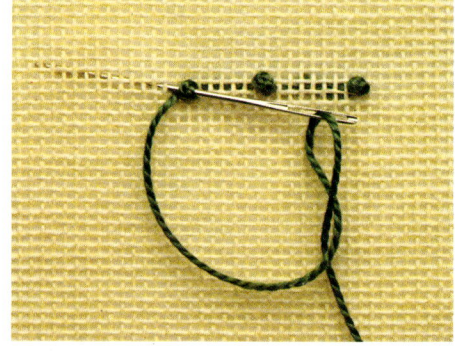

Die kleinen abstehenden Knötchen bilden eine schöne Auflockerung zu den anderen Stichen. Obwohl die Technik recht einfach ist, muß man ein bißchen üben, bis man den »Dreh« heraus hat und die Knötchen schön gleichmäßig werden.

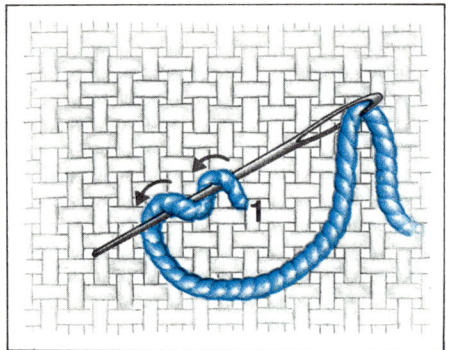

Arbeitsweise
(Die unteren Abbildungen gelten für Linkshänder.)
An der gewünschten Stelle von der Rückseite zur Vorderseite ausstechen (**1**). Mit der anderen Hand den Arbeitsfaden 2mal um die Nadel wickeln (**2**),

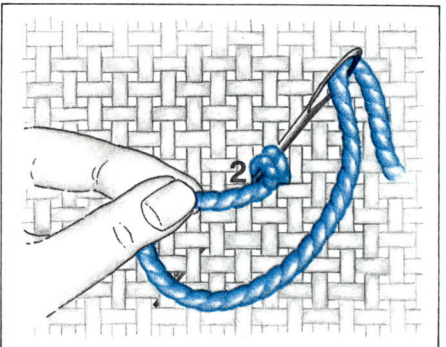

dabei muß der Faden von vorne kommen. Unmittelbar neben der Ausstichstelle (**2**) einstechen und den Arbeitsfaden durch die Wicklung ziehen. Dabei muß der Faden mit der anderen Hand straff gehalten werden, sonst zieht sich der Knoten nicht richtig zusammen.

Sticht man mehrere Stiche neben- oder untereinander, so führt man den Arbeitsfaden auf der Rückseite von Knötchen zu Knötchen.

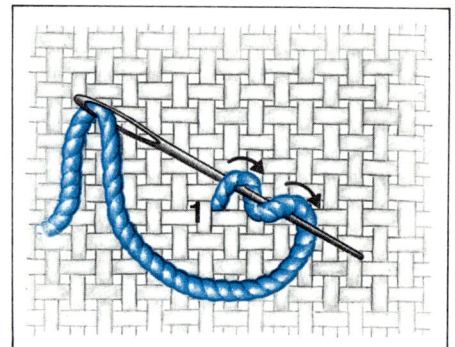

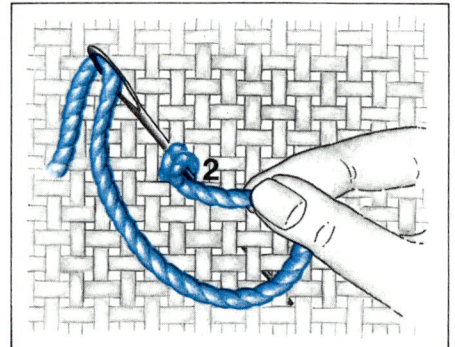

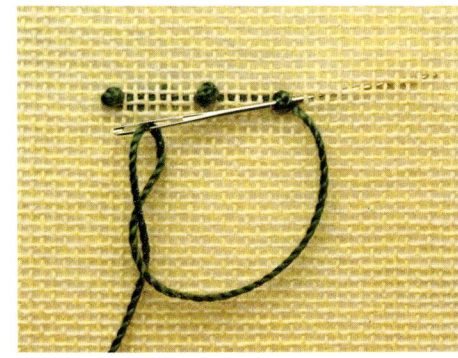

Sternstich

Bei diesem einfachen Blümchenmotiv werden die flachstichähnlichen Stiche kreisförmig angeordnet. Alle Stiche treffen sich in dem gleichen Gewebeloch.

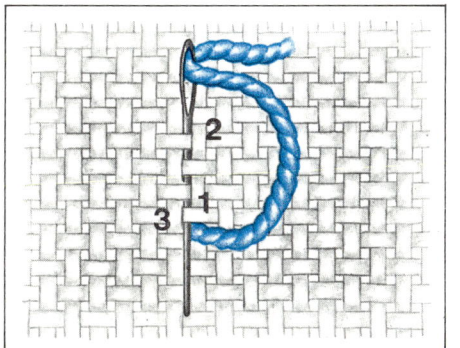

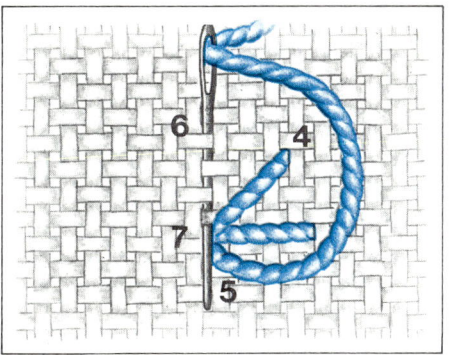

Arbeitsweise
(Die unteren Abbildungen gelten für Linkshänder.)
Rechtshänder arbeiten kreisförmig von rechts nach links, Linkshänder von links nach rechts. An der gewünschten Stelle von der Rückseite zur Vorder-

seite ausstechen (**1**) (= Mittelpunkt des Sternchens). 4 Gewebefäden senkrecht nach oben zählen, einstechen (**2**) und in der 1. Ausstichstelle wieder ausstechen (**3**).
Die Arbeit leicht drehen und 3 schräge Fadenkreuze nach oben zählen, einste-

chen (**4**). Bei **1** wieder ausstechen (**5**). 4 Gewebefäden senkrecht nach oben zählen, einstechen (**6**) usw.
Wenn man die Stickfäden fester als gewöhnlich anzieht, entsteht ein größerer Mittelpunkt.

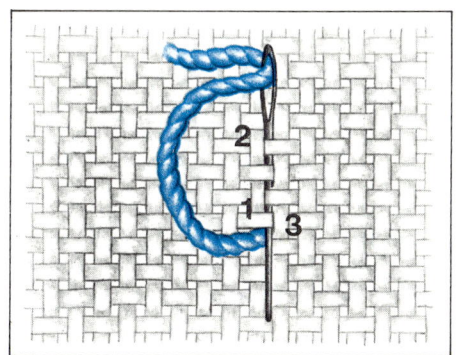

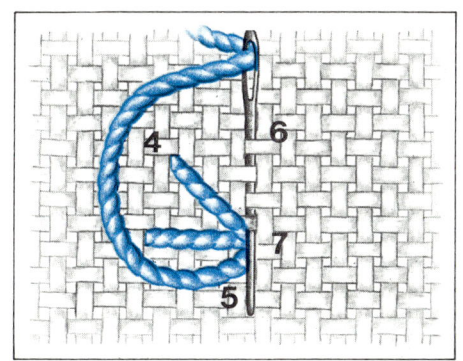

Er besteht aus einzelnen Kettenstichen (siehe Seite 18), die strahlenförmig angeordnet werden. Da die Stiche einzeln sind, muß jeder Stich »befestigt« werden. Der Margeritenstich wird nicht nur als Blütenmotiv verwendet, sondern auch für Blätter.

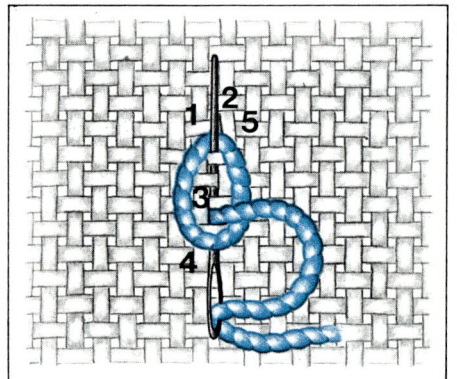

Arbeitsweise
(Die unteren Abbildungen gelten für Linkshänder.)
Rechtshänder arbeiten kreisförmig von links nach rechts, Linkshänder von rechts nach links.
Im geplanten Mittelpunkt ausstechen

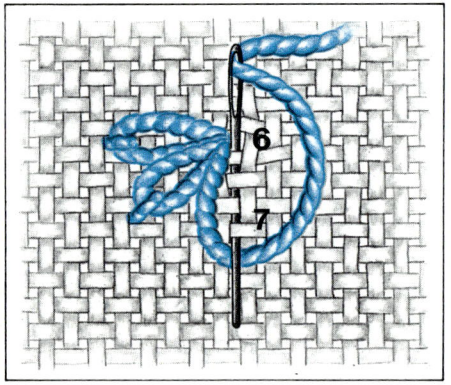

(**1**). 1 Schlinge nach unten legen, in die 1. Ausstichstelle einstechen (**2**). 4 Gewebefäden senkrecht nach unten zählen und oberhalb der Schlinge ausstechen (**3**), Schlinge locker anziehen. Zum Befestigen der Schlinge (Blütenblatt) unmittelbar außerhalb jeder

Schlinge (**4**) einstechen und im Mittelpunkt wieder ausstechen (**5**). Arbeit leicht drehen, Schlinge nach unten legen, in den Mittelpunkt einstechen (**6**), 3 schräge Fadenkreuze auffassen usw. (**7**).

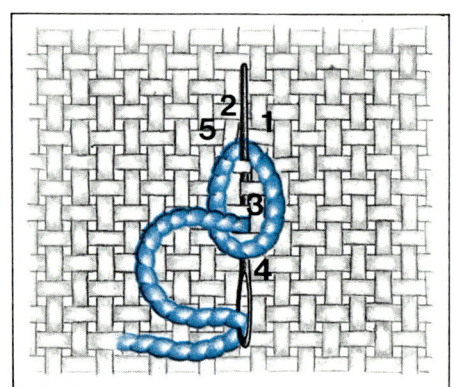

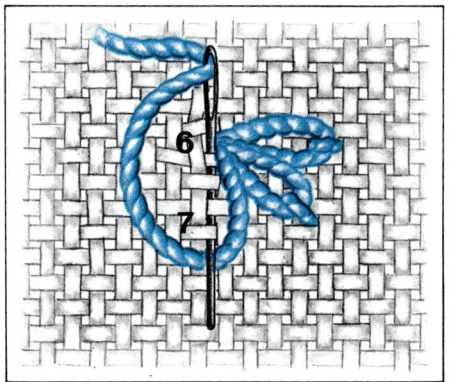

Kreismotive aus Schlingstichen

Eine weitere Möglichkeit, Blumenmotive oder Ornamente zu gestalten, gibt der vielseitige Schlingstich (siehe Seite 24). Wie beim Margeriten- und Sternstich werden auch hier die Stiche kreisförmig angeordnet.

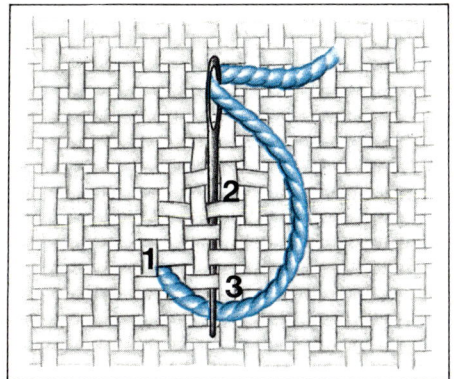

Arbeitsweise
(Die unteren Abbildungen gelten für Linkshänder.)

Rechtshänder arbeiten von links nach rechts, Linkshänder von rechts nach links. Dabei die Arbeit immer um den gleichen Abstand weiter drehen. Um

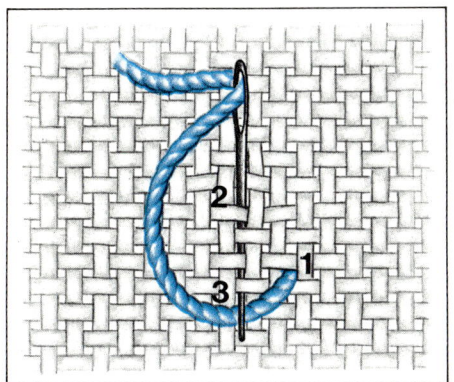

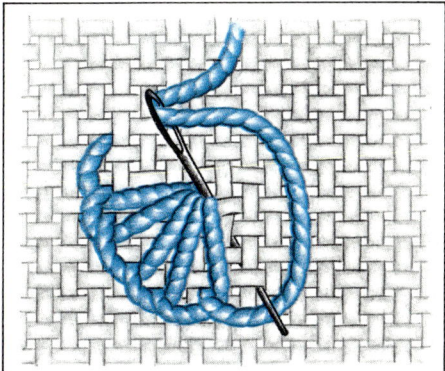

den Mittelpunkt einen Kreis leicht anzeichnen. Unten auf der Kreislinie ausstechen (**1**). Arbeitsfaden zur Schlinge nach unten legen, im Mittelpunkt einstechen (**2**), Arbeit drehen, auf der Kreislinie ausstechen (**3**), dabei liegt die Nadel über der Schlinge.

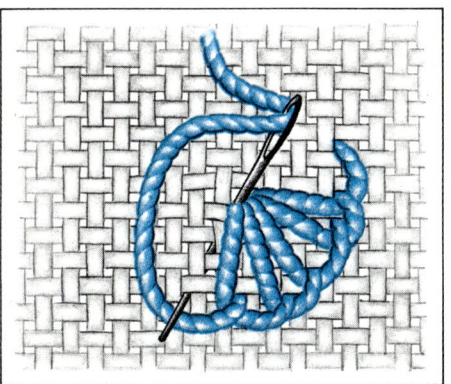

Wieder in den Mittelpunkt einstechen, Arbeit drehen usw.
Der Kreis wird geschlossen, indem man unmittelbar neben der 1. Ausstichstelle einsticht und auf der Rückseite den Faden ringförmig vernäht.

Kleine Blumenbilder

Auf dem linken Bild sind Blumen und Blätter recht natürlich, auf dem rechten Bild in stilisierter Form dargestellt.
Material: mittelgrobes Gewebe, Perlgarn Nr. 5 (links) oder ungeteilter Sticktwist (rechts).
Zierstiche: Kettenstich, Stielstich, Steppstich, Hexenstich, Knötchenstich, Schlingstich, Spannstich.

Fensterbild

Die Anregung zu diesem Bild kommt aus der Filethäkelei.
Material: netzartiges Baumwollgewebe, Häkelgarn oder Perlgarn Nr. 5.
Zierstiche: Flachstich, Stielstich, Kettenstich.
Randbefestigung: Flachstichgruppen, die Schnittkante zuvor ungefähr 1 cm umschlagen.

Mustertuch als Apfelmotiv

Das Apfelbild wurde von einem 12jährigen Jungen entworfen und gestickt.
Material: Rupfen, Perlgarn Nr. 3.
In dem Apfel sind fast alle Stiche gearbeitet worden, die der bisherige Teil dieses Buches zeigt. Dieses Bild gibt ein Beispiel, wie schön ein Lehrmustertuch gestaltet werden kann. In dem grobgewebten Rupfen ist das Zählen leicht und somit für Anfänger das ideale Objekt. Ein weiteres Beispiel zeigt das Fischmotiv auf Seite 6.

Elegantes Brillenetui

Größe: 9 x 17 cm.

Material: grobes Baumwollgewebe und Stickgarn mit Goldfäden.

Zierstiche: Kettenstich, Knötchenstich, Stielstich.

Arbeitsweise: Den Stoff ungefähr 16 x 38 cm zuschneiden, und die Schnittkanten mit der Nähmaschine versäubern. Den Stoff an der Längsseite um die Hälfte umschlagen und mit großen Stichen die Längs- und Quermittellinie markieren, dabei oben den Saum und an einer Seite die Nahtzugabe abrechnen. Nun nach dem Entwurf das Motiv übertragen. Nach dem Sticken und Bügeln die Seitennaht nähen und ausbügeln. Zum Schluß an der oberen Kante den Saum festnähen.

Landschaftsbild

Größe: 29 x 23 cm.

Material: Rupfen, Perlgarn Nr. 3.

Zierstiche: Flachstich, Margeritenstich, Knötchenstich, Steppstich, Stielstich. Die grobe Landschaftsstruktur wurde nach einem Entwurf frei eingezeichnet. Die Anordnung der verschiedenen Bäume und Büsche wurde nur angedeutet und frei gestickt.

Sommerwiese mit Spinne

Hier wurden Eindrücke eines Spazierganges im Stickbild festgehalten.

Größe: 15 x 15 cm.

Material: Siebleinen, 4fädiger Sticktwist.

Zierstiche: Stielstich, Steppstich, Margeritenstich, Sternstich, Flachstich, Knötchenstich, Schlingstich in Kreisform.

Schweizer Zierstiche

Diese Handarbeit ist eine Zugstickerei, die ursprünglich überwiegend in der Schweiz gearbeitet wurde. Durch festes Anziehen der einzelnen Stickfäden entsteht eine besondere durchbruchähnliche Wirkung. Für diese Technik eignen sich am besten alle locker gewebten Stoffe in Leinenbindung, zum Beispiel Siebleinen. Charakteristisch für diese Zierstiche ist, daß man durch die typische Ton-in-Ton-Arbeit eine spitzenähnliche Stickerei erhält.

Im folgenden werden zunächst 3 bereits beschriebene Zierstiche (Stielstich, siehe Seite 16; Flachstich, siehe Seite 20; Zickzackstich, siehe Seite 26) aufgeführt, die durch festes Anziehen oder durch doppelte Stichausführung ein teilweise völlig verändertes Aussehen erhalten.

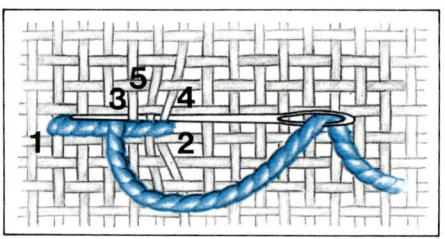

**Arbeitsweise
des versetzten Stielstiches**
Man legt den Arbeitsfaden im Wechsel 1mal nach unten und 1mal nach oben.

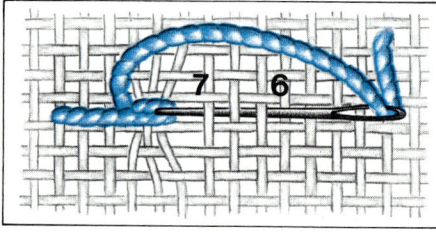

Beim doppelten Stielstich wird der Rückstich 2mal ausgeführt und der Faden besonders fest angezogen. In dem Mustertuch auf Seite 47 ist oben

der versetzte einfache Stielstich gestickt, darunter wird der Stielstich mit doppeltem Rückstich gezeigt.

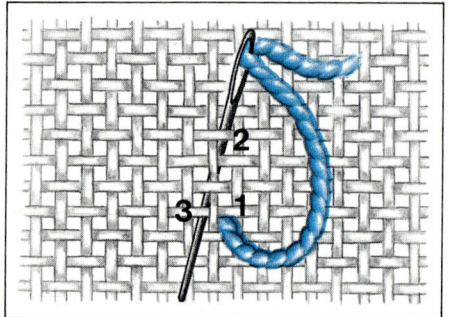

Die Arbeitsweise des Flachstiches
Der Arbeitsfaden wird straff angezogen, dadurch schieben sich die Schußfäden dicht zusammen, und die Kettfäden liegen frei. Damit der Anfangs-

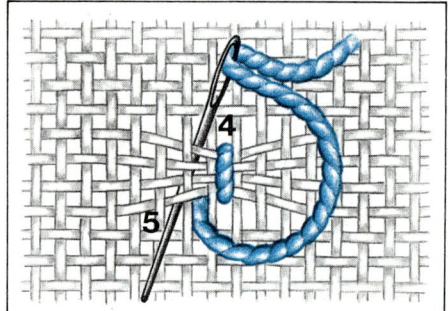

faden durch das feste Anziehen nicht aus dem Gewebe rutscht, hält man ihn mit der anderen Hand fest, bis 2 oder 3 Stiche ausgeführt sind. Durch versetzte Anordnung des Flachstichs in

der nächsten Reihe oder durch senkrechte Gestaltung entstehen Flächenmuster mit vielfältigen Durchbrucheffekten (siehe Mustertuch auf Seite 47).

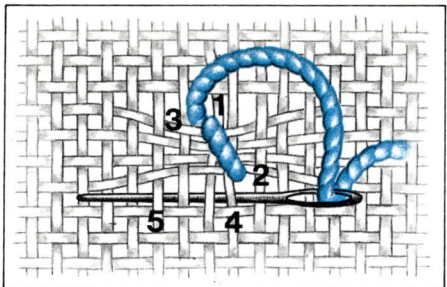

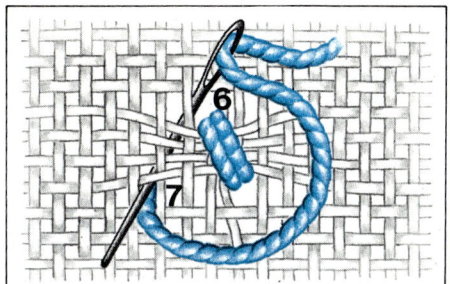

Arbeitsweise
des doppelten Zickzackstiches

Die Arbeitsweise ist die gleiche wie auf Seite 26 beschrieben. Bei diesem Zickzackstich wird jeder Schrägstich auf der Vorderseite doppelt ausgeführt und der Faden ziemlich fest angezogen. Dabei ist darauf zu achten, daß die beiden Fäden parallel liegen.

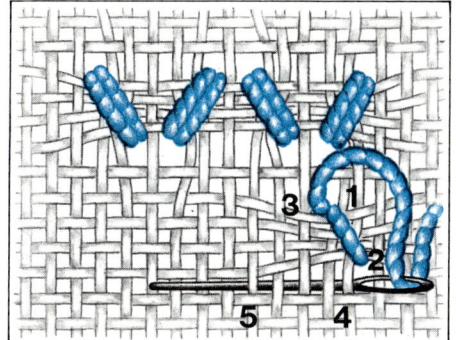

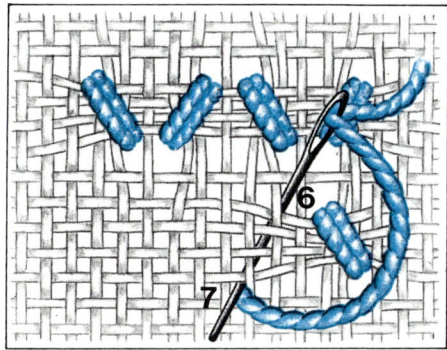

Zickzackstich mit Fenster

Bei gleicher Arbeitsweise bleibt lediglich zwischen jedem Stich 1 Gewebefaden stehen. Setzt man eine 2. Reihe mit 1 Gewebefaden Abstand dagegen, so bleibt 1 Fadenkreuz Zwischenraum. Dieses Fensterkreuz ist in der 2. Zeichnung bereits gut zu erkennen.

Der doppelte Zickzackstich in beiden Varianten eignet sich besonders für Randverzierungen. Bei 2 entgegengesetzt laufenden Reihen entsteht eine geschlossene Wirkung. Stickt man mehrere Reihen untereinander, so entstehen schöne großflächige Muster, mit denen man Kissen, Tischdecken, Läufer, Sets, Blusenpassen und Blenden verzieren kann.

Das Mustertuch zeigt Varianten mit dem versetzten Stielstich, dem Flachstich und dem doppelten Zickzackstich.
Material: grobes Siebleinen, Perlgarn Nr. 5.

Kästchenstich

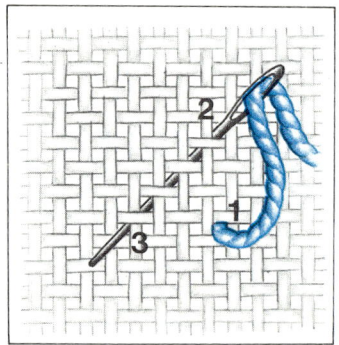 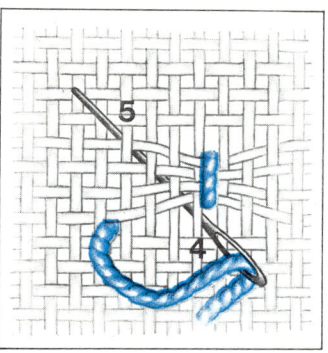 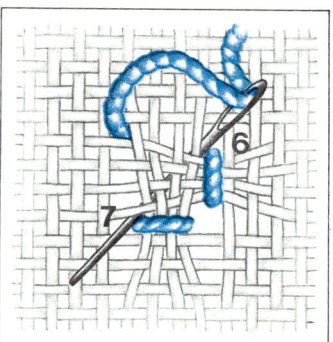

Arbeitsweise Rechtshänder
Man arbeitet von rechts nach links. Das Kästchen beginnt immer rechts unten. Hier ausstechen (**1**), 4 Gewebefäden senkrecht nach oben zählen, einstechen (**2**). 4 Gewebefäden nach links und nach unten zählen, diagonal ausstechen (**3**) und den Arbeitsfaden fest anziehen. In die 1. Ausstichstelle einstechen (**4**), 4 Gewebefäden nach links und nach oben zählen, diagonal ausstechen (**5**), fest anziehen. In die 2. Einstichstelle einstechen (**6**), bei **3** wieder ausstechen (**7**), fest anziehen. Senkrecht nach oben bei **5** einstechen (**8**) und für das neue Kästchen 4 Gewebefäden neben **7** ausstechen (**9**).

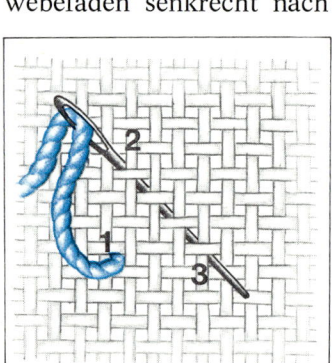 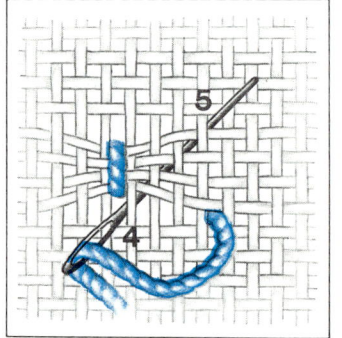 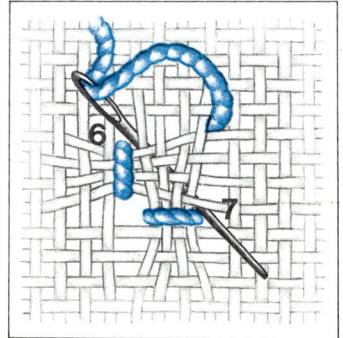 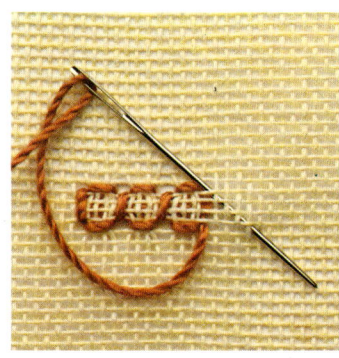

Arbeitsweise Linkshänder
Man arbeitet von links nach rechts. Das Kästchen beginnt immer links unten. Hier ausstechen (**1**), 4 Gewebefäden senkrecht nach oben zählen, einstechen (**2**). 4 Gewebefäden nach rechts und nach unten zählen, diagonal ausstechen (**3**) und den Arbeitsfaden fest anziehen. In die 1. Ausstichstelle einstechen (**4**), 4 Gewebefäden nach rechts und nach oben zählen, diagonal ausstechen (**5**), fest anziehen. In die 2. Einstichstelle einstechen (**6**), bei **3** wieder ausstechen (**7**), fest anziehen. Senkrecht nach oben bei **5** einstechen (**8**) und für das neue Kästchen 4 Gewebefäden neben **7** ausstechen (**9**).

48

Rückseite

Auf der Rückseite entsteht zuerst ein diagonaler Stich, darüber dann ein Kreuz. Beim Vernähen werden die Anfangs- und Endfäden unter den gekreuzten Fäden durchgezogen.

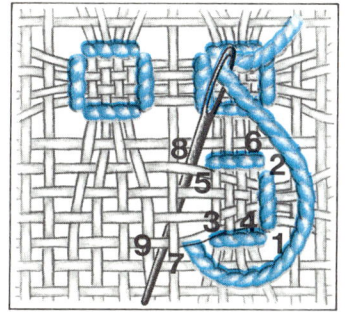

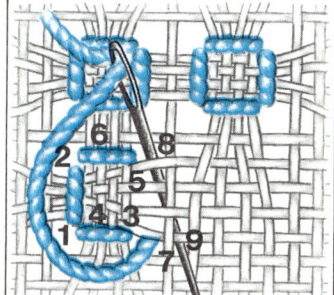

Kästchenstich mit Fenster

Die Arbeitsweise ist die gleiche wie beim Kästchenstich. Man läßt – wie schon beim Zickzackstich mit Fenster – lediglich zwischen den Kästchen einen Gewebefaden Zwischenraum. Setzt

Anwendungsmöglichkeiten

Das rechts abgebildete Mustertuch zeigt beide Arten des Kästchenstiches als Reihen- und als Flächenmuster. In dieser Art kann er in Passen, Kissen und Decken gestickt werden.
Die Borte aus einer Kästchenstichreihe und 2 Flachstichreihen gibt ein Beispiel einer einfachen Randverzierung.
Material: grobes Siebleinen, Perlgarn Nr. 5.

man eine 2. Reihe mit einem Gewebefaden Zwischenraum darunter (oder darüber), so entsteht auch hier ein »Fenster« mit einem Fadenkreuz. Die Zeichnungen zeigen die Arbeitsweise für Rechts- und Linkshänder.

Set mit Initialen

Größe: 40 x 30 cm.
Material: feines Siebleinen, Perlgarn Nr. 8, Ton-in-Ton.
Die senkrechte Borte ist eine Kombination aus Schweizer Zierstichen. Die Initialen sind aus dem einfachen Kästchenstich gearbeitet.

Zackenstich

Er ist im Prinzip eine Kombination aus dem Stielstich und dem Zickzackstich. Der Stielstich wird im Wechsel 1mal oben und 1mal unten gearbeitet. Beim Wechseln von oben nach unten entstehen die schrägen, zackenähnlichen Stiche.

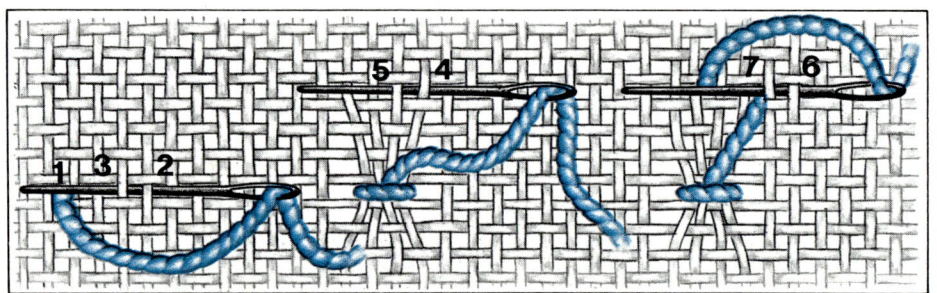

Arbeitsweise für Rechtshänder

Man arbeitet von links nach rechts. Am Rand unten ausstechen (**1**), 4 Gewebefäden nach rechts zählen, einstechen (**2**). 2 (die Hälfte) der Gewebefäden wieder nach links zählen, auffassen, oberhalb des Arbeitsfadens ausstechen (**3**). 4 Gewebefäden von **2** senkrecht nach oben zählen, einstechen (**4**). 2 Gewebefäden nach links auffassen, ausstechen (**5**). 4 Gewebefäden nach rechts zählen, einstechen (**6**). 2 Gewebefäden nach links zählen, auffassen, unterhalb des Arbeitsfadens ausstechen (**7**), den Faden fest anziehen usw.

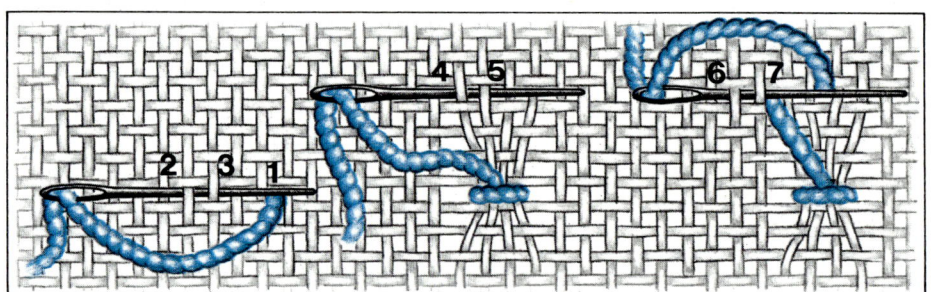

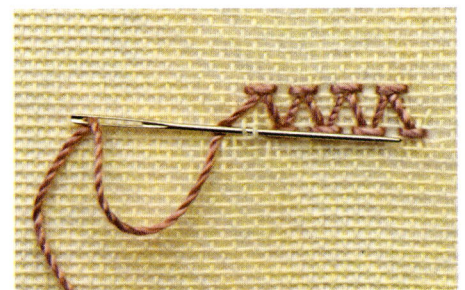

Arbeitsweise für Linkshänder

Man arbeitet von rechts nach links. Am Rand unten ausstechen (**1**), 4 Gewebefäden nach links zählen, einstechen (**2**). 2 (die Hälfte) der Gewebefäden wieder nach rechts zählen, auffassen, oberhalb des Arbeitsfadens ausstechen (**3**). 4 Gewebefäden von **2** senkrecht nach oben zählen, einstechen (**4**). 2 Gewebefäden nach rechts auffassen, ausstechen (**5**). 4 Gewebefäden nach links zählen, einstechen (**6**). 2 Gewebefäden nach rechts zählen, auffassen, unterhalb des Arbeitsfadens ausstechen (**7**), den Faden fest anziehen usw.

Rückseite

Sie zeigt 2 Reihen steppstichähnlich gebündelte Stiche, die keinen Zwischenraum haben. Die durchgezogenen Anfangs- und Endfäden sitzen dementsprechend sehr fest und brauchen nicht zu lang vernäht werden.

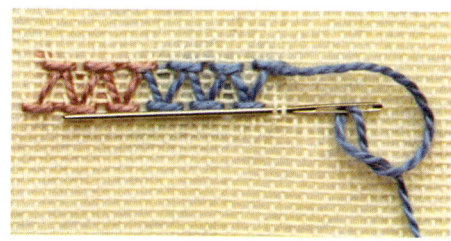

Was tun, wenn der Arbeitsfaden zu Ende ist?

Man beendet den Stich am besten mit dem großen Querstich und vernäht den Endfaden auf der Rückseite, dabei den Faden fest anziehen. In der Mitte dieses Stiches sticht man von der Rückseite mit dem neuen Faden aus und arbeitet in üblicher Weise weiter.

Spannen

Um die durchbruchartige Stickerei voll zur Geltung zu bringen und das eventuell verzogene Gewebe zu begradigen, werden diese Arbeiten gespannt. Dazu auf ein Brett einige Lagen weiße Tücher legen. Dann die Handarbeit befeuchten und mit der Vorderseite

Variationen

Auf dem Mustertuch ist der Zackenstich in der 1. Reihe eng aneinander gestickt, in der 2. Reihe mit Zwischenraum. Bei der Borte werden die 3 Reihen Zackenstich vom Flachstich begrenzt.
Material: grobes Leinen, Perlgarn Nr. 5.

nach oben darauflegen. Zunächst die 4 Ecken mit rostfreien Nägelchen befestigen, dabei prüfen, ob die gegenüberliegenden Seiten gleich lang und die Gewebefäden rechtwinklig sind. Dann ungefähr pro Zentimeter ein Nägelchen eindrücken. So vorbereitet läßt man die Arbeit trocknen (mindestens 24 Stunden).

Waffelstich

Auch dieser Stich erscheint auf den ersten Blick recht kompliziert. Doch seine Technik besteht lediglich aus 2maligem Umwickeln einer bestimmten Gewebezahl, 1mal oben, 1mal unten, versetzt. Beim Wechseln von oben nach unten beziehungsweise umgekehrt wird der Arbeitsfaden von unten nach oben beziehungsweise von oben nach unten gelegt. Durch festes Anziehen liegt dieser Faden nicht senkrecht, sondern leicht geschwungen.

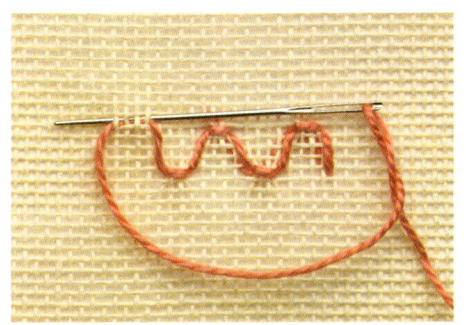

Arbeitsweise für Rechtshänder
Man arbeitet von rechts nach links. Unten beginnen (**1**). 4 Gewebefäden senkrecht nach oben zählen, einstechen (**2**). 4 Gewebefäden nach links auffassen, ausstechen (**3**). Wieder bei **2** einstechen (**4**), und diesen Arbeitsgang wiederholen (**5**), fest anziehen. 4 Gewebefäden senkrecht nach unten zählen, einstechen (**6**). 4 Gewebefäden nach links auffassen, ausstechen (**7**). Wieder bei **6** einstechen (**8**), diesen Arbeitsgang wiederholen (**9**), fest anziehen. 4 Gewebefäden senkrecht nach oben zählen, einstechen (**10**) usw.

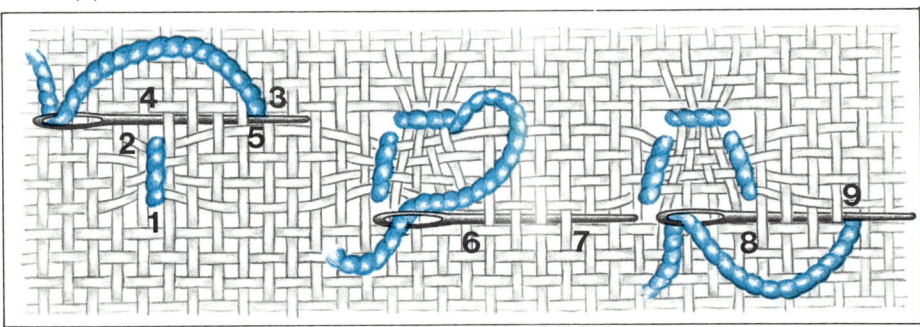

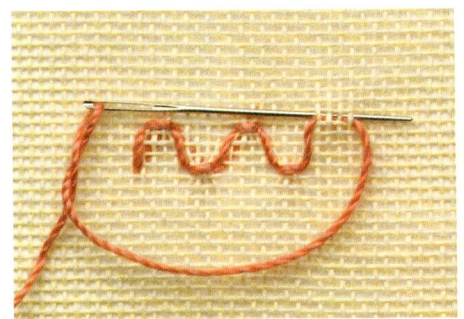

Arbeitsweise für Linkshänder
Man arbeitet von links nach rechts. Unten beginnen (**1**). 4 Gewebefäden senkrecht nach oben zählen, einstechen (**2**). 4 Gewebefäden nach rechts auffassen, ausstechen (**3**). Wieder bei 2 einstechen (**4**), und diesen Arbeitsgang wiederholen (**5**), fest anziehen. 4 Gewebefäden senkrecht nach unten zählen, einstechen (**6**). 4 Gewebefäden nach rechts auffassen, ausstechen (**7**). Wieder bei **6** einstechen (**8**), diesen Arbeitsgang wiederholen (**9**), fest anziehen. 4 Gewebefäden senkrecht nach oben zählen, einstechen (**10**) usw.

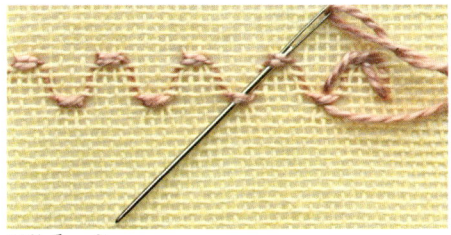

Rückseite

Sie zeigt waagerecht zusammengezogene Stiche in 2 Ebenen versetzt.
Das übliche Vernähen (Durchziehen des Stickfadens in der waagerechten Reihe) würde bei diesen durchbruchartigen Stickereien auf der Vorderseite sichtbar werden. Das Vernähen muß deshalb im »Schatten« der Stiche in einer Zickzackform erfolgen.

Was tun, wenn der Arbeitsfaden zu Ende ist?

Man beendet den letzten Stich senkrecht mit einem Einstich oben oder unten und läßt den Endfaden zunächst hängen. Mit dem neuen Faden sticht man 4 Gewebefäden daneben aus und arbeitet wie gewohnt den Doppelstich.
Später vernäht man die Endfäden immer so, daß der Faden auf der Vorderseite die richtige Spannungsrichtung hat.

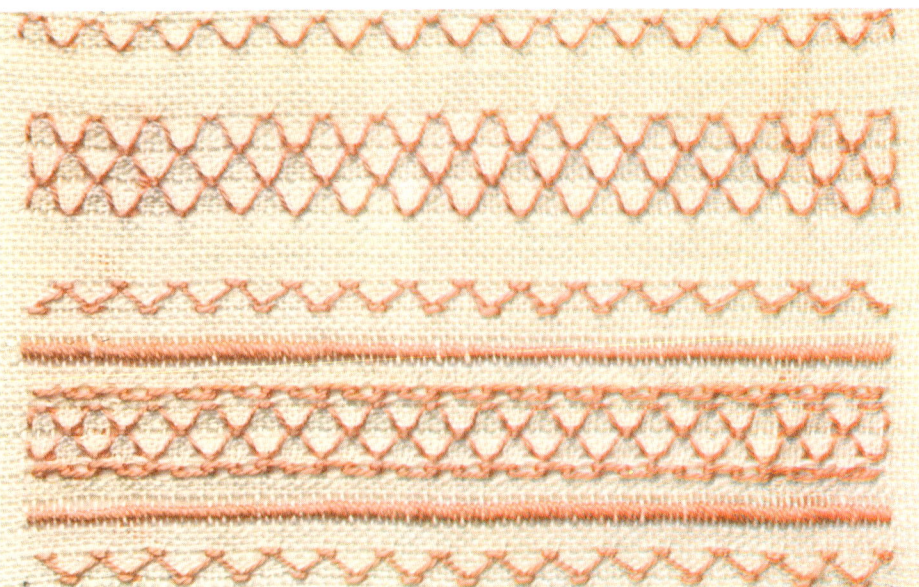

Variationen

Auf dem Mustertuch sieht man den Waffelstich als Einzelreihe, dann als Flächenmuster. Bei der Borte sind die 2 mittleren Waffelstichreihen mit dem Stielstich, Flachstich und Zackenstich ergänzt.
Material: feines Siebleinen, Perlgarn Nr. 8.

Schnecke

Größe: 18 cm Durchmesser.
Material: Siebleinen, 4fädiger Sticktwist.
Zierstiche: für den Körper Stielstiche (Umrisse), Waffelstich als Füllstich, für das Schneckenhaus offener Kettenstich (Umrisse), Kästchenstich, Flachstich und Stielstich (Mitte).
Die Farben sind bewußt überwiegend hell gehalten. Die »schnelle« schräge Stromlinienform des Schneckenhausmusters ist zufällig entstanden, weil beim Auflegen der Schablone die Fadenkreuze nicht gerade lagen.

Hardangerstickerei

Die Hardangerstickerei kommt aus Norwegen und hat ihren Namen von dem norwegischen Fjord »Hardanger«. Diese Stickerei gehört zu den Durchbruchstickereien. Durch Herausziehen von Gewebefäden wird das Gewebe »durchbrochen«. Die nun etwas locker gewordenen Gewebefäden müssen mit verschiedenen Stichen befestigt (gesichert) werden. Der bereits bekannte Flachstich wird hier als Befestigungsstich angewendet. Typisch für diese Stickerei sind die unzähligen geometrischen Motive (Abbildung) mit dem Flachstich, der nun auch schräg und waagerecht gearbeitet wird.

Allgemeine Tips zur Vorbereitung

Man zeichnet sich den zu stickenden Gegenstand (hier Tischdecke) auf Papier und teilt die Fläche.

Nach einem genauen Entwurf kann man die erforderlichen Gewebefäden in der Höhe und in der Breite abzählen. Nun teilt man den Stoff in gleichmäßige Felder. Von diesen Feldern ist wiederum die Mitte zu markieren, an der man dann mit dem Motiv beginnen kann.

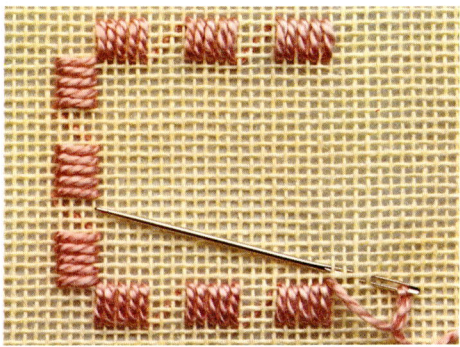

Arbeitsweise der Durchbruchmotive
(Die untere Abbildung gilt für Linkshänder.)

Man beginnt immer zuerst mit der Umrandung der einzelnen Motive mit dem Flachstich. Es werden Flachstickgruppen aus 5 Stichen mit 4 Gewebefäden Zwischenraum gearbeitet. An der Ecke stoßen die Flachstiche rechtwinklig aneinander. Dann werden die Gewebefäden vorsichtig mit einer kleinen, spitzen Schere dicht an den Flachstichgruppen abgeschnitten und mit einer Sticknadel vorsichtig herausgezogen. So entsteht ein Fadengitter. Dieses Fadengitter muß durch Umsticken befestigt, das heißt gesichert werden.

Befestigung des Fadengitters
(Die unteren Abbildungen gelten für Linkshänder.)

Die Befestigung des Fadengitters wird auch Umstopfen genannt. Die einfachste Art ist das Umwickeln der freigelegten Fäden (hier 4). Den Anfangsfaden auf der Rückseite in die Arbeitsrichtung legen, so daß er gleich beim Umwickeln mit befestigt wird. Die noch verbliebene Gewebefläche wird auf der Rückseite übergangen.

Als Variante kann man auch jeweils 2 Gewebefäden umwickeln. Bei dieser 2. Befestigungsart wird der Stickfaden in einer Art Achterschlinge zwischen den 4 Gitterfäden von oben nach unten

im Wechsel durchgezogen. Der Kreuzungspunkt ist die Mitte der 4 Gitterfäden. Auch hier kann der Anfangsfaden auf der Rückseite beim Arbeiten der ersten Schlingen mit umstochen werden. Die Endfäden vernäht man durch die Flachstichgruppen am Rand.

Zur Belebung des Fadengitters hier noch eine weitere Anregung. Beim Umstopfen des Fadengitters in beiden erwähnten Arten kann gleichzeitig der Schlingstich über die verbleibenden leeren Quadrate gespannt werden. Dazu umstopft man von jedem Quadrat den letzten Steg nur halb und arbeitet je 1 Schlingstich über die schon umstopften Stege. Dann wird der letzte Steg mit den Achterschlingen beendet.

Anwendungsmöglichkeiten
Diese dekorative Stickerei eignet sich für Tischdecken, Sets, Läufer, Deck-chen, Kissen, Scheibengardinen usw. Wie die norwegischen Frauen aus dem Hardangergebiet kann man auch Blusen, Dirndlschürzen und Dreiecks-tücher verzieren.

Der abgebildete Ausschnitt (Tischdecke Seite 57) zeigt eine Variante zur Umrandung und Eckenbildung. Die Flachstiche sind hier durchgehend gearbeitet. Die Ecke ist abgestuft, indem jeweils 5 Flachstiche 2mal rechtwinklig aneinander-stoßen. Die 4 Fäden des Fadengitters sind in 2 Arbeitsgängen getrennt (je 2) umwickelt. Die Mitte des Motivs ist mit dem Schlingstich betont. Stilisierte Blumen aus 4 Flachstichgrup-pen, die rechtwinklig aneinanderstoßen, umrahmen das Durchbruchmuster.

Das Tulpenmotiv (Mitteldecke Seite 57) ist rechteckig ange-legt. Auch hier sind die 4 Fäden des Fadengitters in Zweier-gruppen getrennt umwickelt. Die ergänzenden Schlingstiche wurden außen eingearbeitet. Der Flachstich in verschiedener Anordnung rechts und links des Durchbruchmusters voll-endet die Blume. Besonders reizvoll ist die Ton-in-Ton-Abstufung.

Quadratische Mitteldecke

Größe: 60 x 60 cm.
Material: grobes Baumwollgewebe,
Perlgarn Nr. 3 und Nr. 8.
Randbefestigung: Hohlsaum (siehe
Seite 58).
Hier wurde die Mitte als Dekorations-
schwerpunkt gewählt.

Material

Für die Hardangerstickereien eignen
sich alle gröberen Gewebe in Leinenbindung, das heißt, Kett- und Schußfaden sind gut sichtbar und sollten
auch gleich stark sein.
Für das Umstopfen des Fadengitters
verwendet man in der Regel ein etwas
dünneres Stickgarn als für die Flachstiche.

Große Tischdecke

Größe: 140 x 200 cm.
Material: grobes Leinen, Perlgarn
Nr. 3 für den Flachstich, Perlgarn Nr. 8
für das Fadengitter.
Bei dieser Tischdecke wird gezeigt, wie
man eine große Fläche auf einfache
Weise aufteilen kann. Die Betonung
der Verzierung liegt am Rand.

Hohlsaum

Der Hohlsaum ist eigentlich eine Saumbefestigungsart. Durch Herausziehen von mindestens 1 Gewebefaden parallel zum gelegten Saum erhält man eine »hohle« Stelle. Die verbliebenen Gewebefäden sind locker geworden und müssen mit dem sogenannten Hohlsaumstich befestigt (gesichert) werden. Dabei faßt man an der Saumkante einen Gewebefaden mit und befestigt somit den Saum.
Unter Hohlsaum versteht man aber auch eine vielseitige Flächenverzierung, bei denen Gewebefäden in einer oder in beiden Richtungen herausgezogen und mit dem Hohlsaumstich gesichert werden. Somit gehört der Hohlsaum auch zu den Einfach- und Doppeldurchbrucharbeiten.
Eine 3. Anwendungsmöglichkeit bietet der Hohlsaumstich als einfache Randbefestigung mit Fransenbildung. Nach dem Herausziehen eines Gewebefadens arbeitet man zuerst den Hohlsaumstich und entfernt danach die Gewebefäden bis zur Schnittkante. So entstehen Fransen (siehe Mustertuch Seite 59).

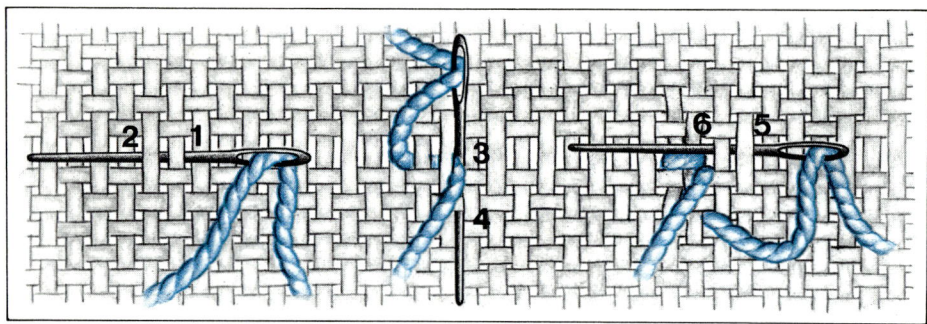

Arbeitsweise des Hohlsaumstiches
(Die unteren Abbildungen gelten für Linkshänder.)
Man arbeitet den Hohlsaumstich auf der Rückseite. Er besteht aus 2 Arbeitsgängen: 1. das Bündeln und 2. das Befestigen des Bündels. An der gewünschten Stelle 1 oder 2 Gewebefäden ausziehen. 2 Gewebefäden auffassen (= bündeln) (**1, 2**), Arbeitsfaden durchziehen.

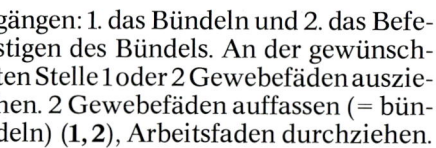

Direkt neben diesem Bündel einstechen (**3**) und 2 Gewebefäden tiefer ausstechen (**4**). Arbeitsfaden zum Körper hin fest anziehen, wieder bündeln (**5, 6**) usw.

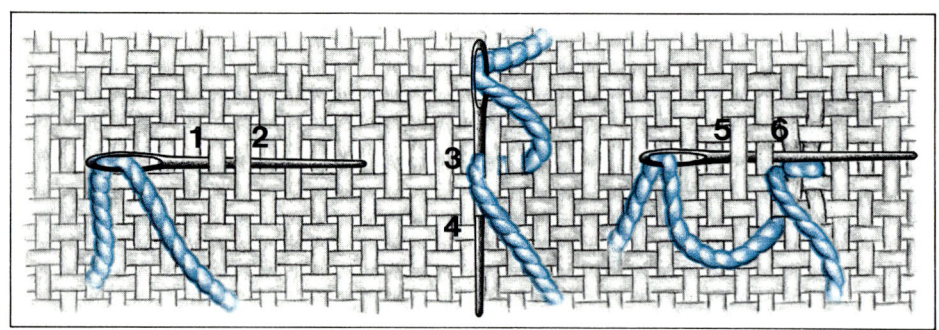

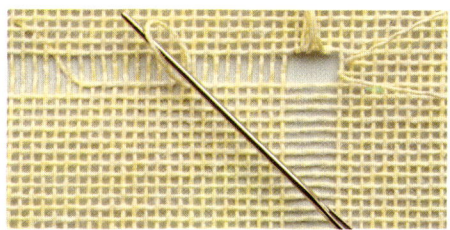

Eckenbildung
bei der Hohlsaumstickerei
Eine Ecke entsteht, wenn die ausgezogenen Fäden von 2 Richtungen aufeinanderstoßen. Es werden dafür Kett- und Schußfäden bis zu diesem Punkt ausgezogen.

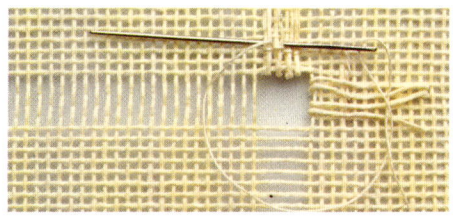

Die ausgezogenen Fäden werden 2 bis 3 cm abgeschnitten und auf der linken Seite mit unsichtbaren Steppstichen aus gleichfarbigem Nähgarn befestigt.

Ergänzend kann man die Ecke mit dem Schlingstich sichern. Dazu verwendet man entweder den Stickfaden (Foto) oder einen ausgezogenen Gewebefaden, wenn die Ecke nicht betont werden soll.

Variationen
1 Der Stäbchenhohlsaum. Befestigt man mit dem Hohlsaumstich auch die gegenüberliegende Seite in gleicher Weise, so entstehen gerade Büschel, die Stäbchen ähneln.

2 Der Zickzackhohlsaum. Arbeitet man auf der gegenüberliegenden Seite den Hohlsaumstich versetzt, so entsteht ein Zickzackmuster. Man faßt die Hälfte der Fäden des einen Bündels mit der Hälfte des anderen Bündels zusammen. In diesem Fall müssen die Anzahl der Bündelfäden immer gerade sein. Darauf ist schon beim Sticken der ersten Reihe zu achten.

3 Verdrehter Stäbchenhohlsaum. Die Büschel werden durch Einziehen eines Stickfadens verdreht.

4, 5 Eine sehr schöne Wirkung erzielt man durch die Kombination von Hohlsaum-, Flach-, Kästchen- und Hexenstich.

6 Hohlsaum als Randbefestigung mit Fransen.
Material: mittelgrobes Gewebe, Perlgarn Nr. 5.

Saumbefestigung mit Eckenbildung

Zu Beginn dieses Kapitels wurde gesagt, daß man unter Hohlsaum überwiegend eine Saumbefestigungsart versteht. Im folgenden wird die Arbeitsweise erklärt. Zunächst legt man den doppelten Saum. Dieser besteht aus Einschlag und Umschlag.

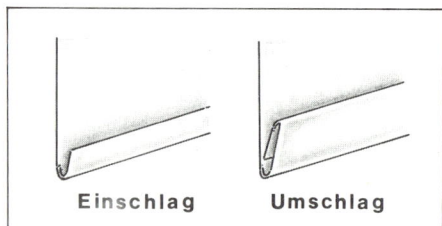

Für den Einschlag ungefähr 1/2 Saumbreite fadengerade umlegen und mit dem Daumennagel die entstandene Bruchkante kniffen.

Für den Umschlag die ganze Saumbreite fadengerade umlegen und ebenfalls mit dem Daumen die Bruchkante kniffen. Anschließend an der Innenseite des Saumes einen Gewebefaden bis zur Ecke ausziehen. Die gekürzten Endfäden in den Saum legen und mit gleichfarbigem Garn unsichtbar be-

60 festigen.

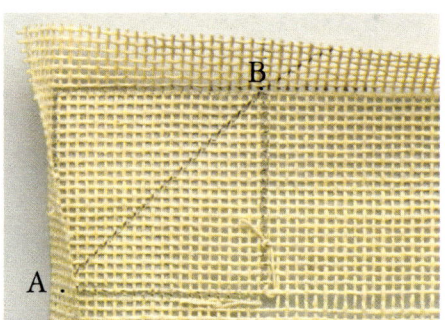

Beim Hohlsaum wird immer die Kuvertecke (diagonale Ecke) gearbeitet. Dazu den Saum an der Ecke wieder aufschlagen. Die Punkte A und B markieren die Kreuzungspunkte der Einschlagbruchkanten mit den fortgeführten Linien der ausgezogenen Gewebefäden. Entlang der Linie zwischen A und B den Stoff nach innen legen. Etwa 0,5 cm parallel zu dieser Bruchkante die Ecke abschneiden.

Den Saum wieder einschlagen, so daß die diagonale Ecke entsteht. Den Saum rundherum stecken und heften. Dann die Ecke mit feinem Nähgarn unsichtbar zusammennähen, indem von jeder Bruchkante 1 Gewebefaden aufgefaßt wird.

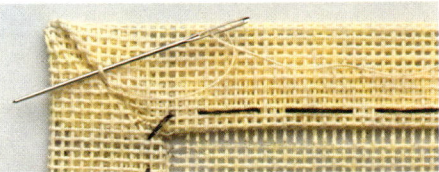

Der Hohlsaumstich wird auf der linken Seite gearbeitet, die Saumkante zeigt dabei nach unten. Das Befestigen der Bündel erfolgt 1 bis 2 Gewebefäden in der Bruchkante des Saumes. Der Abstand zwischen den Befestigungsstichen entspricht immer der Anzahl der gebündelten Fäden.

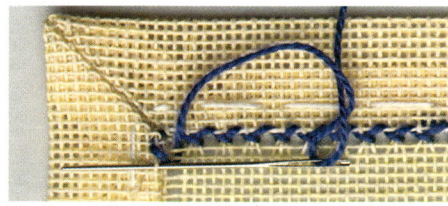

An der Ecke, nach dem letzten Befestigungsstich, in der Bruchkante des Saumes den Arbeitsfaden durchführen. Dabei die Arbeit im rechten Winkel drehen und auf der nächsten Saumseite mit dem Bündeln beginnen.

Die Anfangs- und Endfäden können zum Vernähen zwischen die Saumlagen gezogen werden.

Einkaufstasche

Größe: ungefähr 40 x 45 cm.

Material: Rupfen und Perlgarn Nr. 3 in verschiedenen Brauntönen.

Zierstiche: Verschiedene Hohlsaummuster, zum Teil in Verbindung mit Schweizer Zierstichen, an den Henkeln Schlingstich.

Arbeitsweise: Nach dem Zuschneiden die Schnittkanten mit der Nähmaschine versäubern, dann einen 4 cm breiten Saum an den Schmalseiten (Hohlsaum) arbeiten. Die nun folgenden Muster können beliebig angeordnet werden.

Nach dem Sticken die Seitennähte etwa 1 cm tief schließen und ausbügeln, dabei auch die Stickerei mit einem feuchten Tuch von links dämpfen. Zum Schluß die Henkel auf der Innenseite mit festen Stichen unsichtbar annähen.

Alter Lampenschirm mit neuem Gesicht

Größe: ungefähr 25 cm Höhe.

Material: mittelgrober Baumwollstoff, 1 Strängchen Perlgarn Nr. 5.

Zierstiche: verschiedene Hohlsaummuster und 2 Reihen Zickzackstich mit Fensterkreuz gegeneinandergesetzt.

Arbeitsweise: Das Stickgewebe entsprechend der Lampenschirmmaße zuschneiden, dabei für die Befestigung der oberen und unteren Kante je 2 bis 3 cm und für die Naht 2 cm zugeben. An der unteren Kante einen schmalen Saum legen und mit Hohlsaumstichen befestigen. Dann die selbstentworfenen Hohlsaummuster sticken.

Beim Schließen der Seitennaht darauf achten, daß die Musterstreifen exakt aneinanderstoßen. Die Oberkante 1mal umlegen, entsprechend dem Gestellumfang einkräuseln und mit schrägen Steppstichen an den oberen Drahtring nähen. Die Unterkante mit Textilkleber am Gestell befestigen.

Das Deckchen wird mit den gleichen Zierstichen passend zum Lampenschirm gestickt.

Tischläufer

Größe: 46 x 112 cm.

Material: grobes Leinen, Perlgarn Nr. 5.

Die ausgezogenen Fäden sind hier nicht mit dem Hohlsaumstich, sondern mit dem Flachstich befestigt. Die Stickerei ist Ton in Ton gehalten.

Anleitungen und Tips zur Fertigstellung

Doppelter Saum

Der doppelte Saum besteht aus einem Einschlag und einem Umschlag. Der Umschlag ist meist doppelt so breit wie der Einschlag. Man mißt zuerst den Einschlag ab und faltet ihn fadengerade, danach wird der Umschlag ebenso gearbeitet.

Um das fadengerade Falten zu vereinfachen, kann man mit der Sticknadel die Linie ins Gewebe ritzen.

Die Ecken können entweder rechtwinklig (gerade Ecken) oder diagonal (Kuvertecken) gelegt werden.

Da bei dem doppelten Saum an der Ecke 8 Stofflagen übereinanderliegen, muß ein Teil davon herausgeschnitten

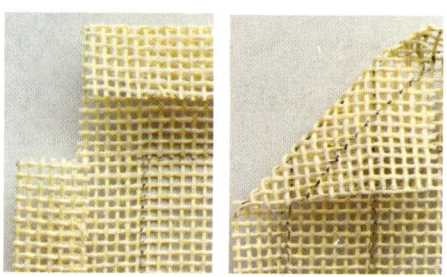

werden. Die Fotos zeigen die Schnittlinien bei der geraden Ecke und bei der Kuvertecke.

Der doppelte Saum wird nach dem Umlegen und der Eckenbildung zunächst mit Stecknadeln rundherum gesteckt, dann geheftet (geriehen), dabei werden die Stecknadeln entfernt. Den Reihfaden verknotet man am Anfang, am Ende wird er mit einem Doppelstich befestigt.

Nach diesen Vorbereitungsarbeiten wird der Saum mit Saumstichen befestigt. Den Anfangsfaden etwa 4 cm durch den doppelten Saum bis zur Anfangsstelle ziehen. Direkt neben der Saumkante im einfachen Stoff ein Fadenkreuz schräg von oben auffas-

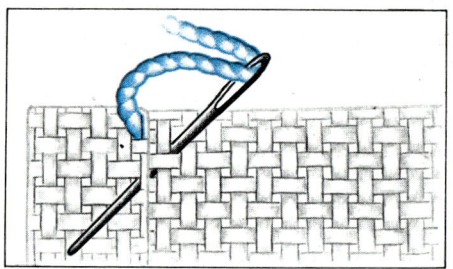

sen, die Nadel unter die Bruchkante des Saumes führen und hier 1 oder 2 Gewebefäden auffassen.

Um neben der Festigkeit einen besonders schönen Ziersaum zu erhalten, faßt man entweder immer das Längs- oder das Querfadenkreuz im einfachen Stoff und in der Saumkante die gleichen Gewebefäden auf. (Siehe auch Seite 10.)

Die gerade Ecke wird mit dem gleichen Stich befestigt. Bei der Kuvertecke wird von jeder Bruchkante jeweils ein Gewebefaden aufgefaßt. Den Arbeitsfaden zieht man dann durch die Stofflagen bis zur nächsten Saumreihe.

Nahtverbindungen

Steppnaht

Die Stoffteile rechts auf rechts legen, so daß die Schnittkanten deckungsgleich sind. Je nach Stoffstärke 1 bis 3 cm unterhalb der Stoffkante stecken, danach heften und anschließend mit

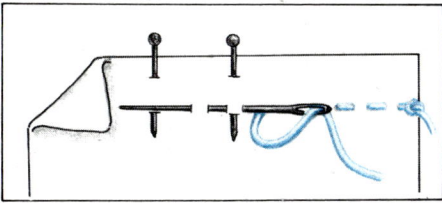

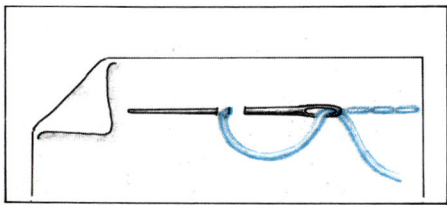

dem Steppstich (Seite 14) die Naht schließen. Die Anfangs- und Endfäden werden mit einem Doppelstich besonders befestigt.
Vor dem Ausbügeln der Naht entfernt man den Heftfaden.

Überwindlingsnaht

2 gesäumte Stoffteile können auf recht einfache Weise mit dem Überwindlingsstich zusammengefügt werden.

Dazu legt man die beiden Stoffteile rechts auf rechts, steckt und heftet sie aufeinander.
Den Überwindlingsstich arbeitet man von rechts nach links. Linkshänder arbeiten gegengleich.
Wie beim Saumstich wird der Anfangsfaden ungefähr 4 cm im doppelten Saum bis zu der gewünschten Stelle durchgezogen.
Dann legt man den Arbeitsfaden über beide Saumbruchkanten hinweg und sticht von hinten nach vorne unter den obersten Gewebefäden durch. Der 1. Stich wird an der gleichen Stelle zur Befestigung des Anfangsfadens wiederholt. Den Endfaden befestigt man ebenso.

Schlingstichnaht

Sollen gesäumte Stoffteile mit einer besonders dekorativen Ziernaht verbunden werden, verwendet man den Schlingstich (Seite 24), so zum Beispiel bei patchworkähnlichen Arbeiten usw. Die beiden Bruchkanten legt man flach voreinanderstoßend. Um diese Kanten wird der Schlingstich im Wechsel einmal nach oben und einmal nach unten gearbeitet.

Den Anfang und das Ende einer Schlingstichnaht sollte man zusätzlich mit einem kleinen Unterstich befestigen. Die Anfangs- und Endfäden werden im doppelten Stoff durchgezogen. Der Schlingstich kann auch in veränderter Form (siehe auch Seite 25) gearbeitet werden.

Fadenschlinge

Die Faden- oder Garnschlinge ist eine einfache Verschlußmöglichkeit.
Die Garnschlinge wird mit dem schon bekannten Schlingstich gearbeitet. Sie erfordert eine kleine Vorbereitung. Diese richtet sich nach der Größe des Knopfes, denn er soll ja durch die Schlinge passen.
Zuerst an der gewünschten Stelle die Knopfbreite messen und 1 bis 2 Gewebefäden auf jeder Seite dazugeben.

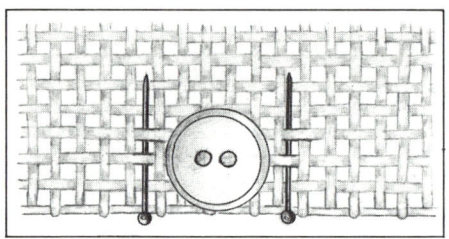

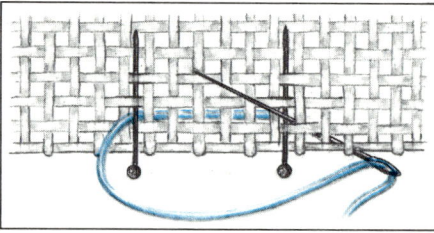

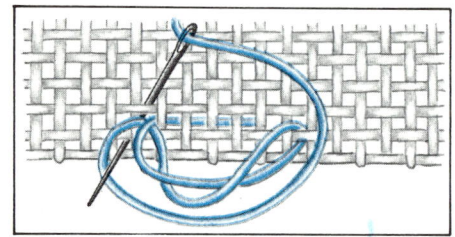

Den Anfangsfaden ungefähr 4 cm zwischen den Stoffteilen bis zum Ausstichpunkt durchziehen. An dieser Stelle über die Kanten einen kleinen Befestigungsstich arbeiten. Dann 2 oder 4 lockere Schlingen zwischen den Markierungspunkten spannen, dabei immer so einstechen, daß sich die gespannten Fäden in der Mitte kreuzen.

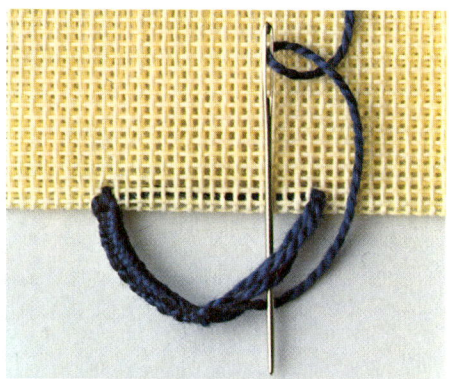

Nun beginnt man links mit dem Schlingstich, Linkshänder rechts. Der 1. Stich wird in die obersten Fäden der Bruchkante gearbeitet, danach Stich für Stich gleichmäßig über die Spannfäden arbeiten. Auf der anderen Seite angekommen, arbeitet man zur Befestigung wieder einen Schlingstich in die obersten Bruchkantenfäden und zieht den Endfaden zwischen das Gewebe.

Annähen eines Knopfes
Zum Annähen eines Knopfes an der gewünschten Stelle einen 2maligen Befestigungsstich arbeiten (man kann den Anfangsfaden auch verknoten). Dann von der Unterseite die Nadel durch den Knopf ziehen. Von der Oberseite in das andere Loch einstechen bis auf die Unterseite, von dort durch den Stoff in die 1. Einstichstelle. Diesen Arbeitsgang 3- bis 4mal wiederholen. Dabei darauf achten, daß der Faden nicht fest angezogen wird. Um diese lockeren Fäden wird zwischen Knopf und Gewebe der Arbeitsfaden umwickelt, so daß ein kleiner Steg entsteht. Danach auf die Unterseite einstechen und den Endfaden mit Schlingstichen vernähen.

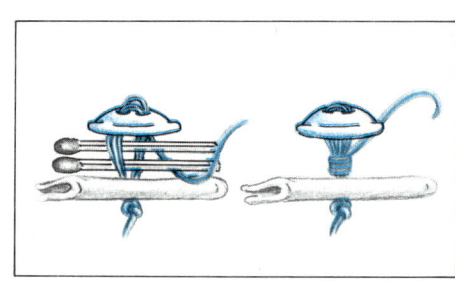

Bügeln einer Stickerei
Alle Stickereien dürfen nur von links auf einer weichen Unterlage gebügelt werden. Empfindliche Arbeiten dämpft man mit einem feuchten Tuch.